我和
我的"天鹅公主"

王庚尧　著

中国大百科全书出版社

图书在版编目（CIP）数据

我和我的"天鹅公主"／王庚尧著 . -- 北京：中
国大百科全书出版社，2024.6
ISBN 978-7-5202-1494-0

Ⅰ . ①我… Ⅱ . ①王… Ⅲ . ①王庚尧—传记②高醇英
—传记 Ⅳ . ① K825.76

中国国家版本馆 CIP 数据核字（2024）第 035259 号

出 版 人	刘祚臣	
策 划 人	王一珂　曾　辉	
特约执笔	高醇芳	
责任编辑	王　绚	
特约编辑	鞠慧卿	
责任校对	齐　芳	
责任印制	李宝丰	
封面设计	今亮后声·王非凡	
排　　版	博越创想	
出版发行	中国大百科全书出版社	
地　　址	北京市西城区阜成门北大街 17 号	
邮　　编	100037	
网　　址	http://www.ecph.com.cn	
电　　话	010-88390969	
印　　刷	北京市天工印刷有限公司	
开　　本	710 毫米 ×1000 毫米　1/16	
字　　数	261 千字	
印　　张	17.5	
版　　次	2024 年 6 月第 1 版	
印　　次	2024 年 6 月第 1 次印刷	
定　　价	88.00 元	

目录

上天给我的最高奖赏

您相信命运吗？我相信。我觉得冥冥之中总好像有种超自然的力量，在主宰着世间的万事万物。所以我常想：如果不是我出生的那年家乡发了大水，因为家里的生活实在没辙了只能把我送给了别人家，我会生活成长在京郊的农村里；如果不是我小学三年级的时候，被老师用奇怪的理由留了一级，就不会正好赶上1952年舞蹈团招收学员；如果不是因为我忘了在考卷上写上名字而没考上中学，我也不会有投考艺术院校的想法；如果不是主考我音乐的老师特别问我有没有兴趣报考舞蹈团，我也就和舞蹈这门艺术擦肩而过了；如果不是醇英非要学芭蕾舞的那股坚持劲儿，15岁的她不远千里只身一人从上海来到北京，她就不可能进北京舞蹈学校，中国就会少了一位杰出的芭蕾舞蹈艺术家，我也娶不到我的"天鹅公主"了；如果我们两个人没在北京舞蹈学校相遇，我们的生活就完全是另外的故事了。

可是，这些事就是发生了，谁又能想得到呢？因为这都是命里注定。人们常说时来运转，而不说时来命转，因为命是转不了的，可是时运是可以转变的。

我们俩在事业上的幸运之神，就是被大家亲切地称为"老专家"的苏联专家彼·安·古雪夫老师和查普林老师，他们是我们的伯乐。

1957年舞蹈学校第一次排演法国芭蕾舞剧《无益的谨慎》的时候，我的醇英还是北京舞蹈学校四年级学生，就被查普林专家选中当女主角丽莎。

1958年，当中国年轻的芭蕾舞剧团准备上演世界著名经典芭蕾舞剧《天鹅湖》的时候，我的醇英被苏联莫斯科大剧院功勋演员、著名导演彼·安·古雪夫专家挑选为女主角，成为白天鹅、黑天鹅两个角色的扮演者。

1959年，集合了全国舞蹈界的精英编导人才，在老专家古雪夫的指导下经过多次反复修改磨合，精心创作大型中国舞剧《鱼美人》伊始，我就被古雪夫老师挑选为男主角猎人的第一组扮演者。

由于我和我的"天鹅公主"有着共同的事业、共同的语言，我们俩门不当户不对的家庭在当时于我们而言就显得不那么重要了。丘比特，那个专管帮爱神拉弓射箭的小天使更不管这些了。当爱神的箭射过来的时候，谁想躲也躲不开，我们也没想躲。在爱神的安排下，我们相遇、相识、相知，并相爱至今。

这就是命，这就是缘分！

老家霍各庄

1939年农历九月初九，我出生于北京郊区怀柔县（今怀柔区）霍各庄一个农民的家庭。我的老爹郑茂林是郑家的老大；我的二叔郑玉林一家至今仍住在霍各庄老家；我的三叔郑卫林，很年轻的时候就被抓作壮丁不知去向；我的四叔郑秀林，三十几岁就病故了。我还有一个姑姑名叫郑秀清。

我母亲名叫周月春。母亲的娘家就在离霍各庄不远的杨宋各庄。我的外祖父（北京人叫姥爷）周立山是周家的独生子；我的外祖母名叫郭永贞，我母亲出生时是双胞胎，可惜她的胞姊妹早夭；我大舅叫周仲元；我小舅（北京人叫老舅）因为他的舅舅郭永富没有子女，便过继给了他们，名叫郭保存；我有个二姨名叫周福春，二姨父姓田；我还有一个小姨（北京人叫老姨），名叫周玉春，老姨父姓李。

我有一个大我九岁的姐姐叫郑桂华，从小到大她总是惦记着我、关爱着我。我的姐夫刘成义，在20世纪30年代参军成为红二方面军的战士，60年代退伍后曾在济南葡萄实验站任厂长，直到退休。他外表长得高大魁梧，待人特别和蔼可亲，我总是让他跟我说过去的故事，我是他忠实的听众。我哥哥叫郑有成，大我三岁，长得比我秀气。当年他曾在

月春妈妈年轻时

左起：老姨、月春妈妈和老舅

月春妈妈和继父王民族

宋庆龄伯母的官邸工作过。他为人踏实能干，还写得一手好字，不论在哪里都干得很出色。嫂嫂李桂芝曾任会计师，很能干，相夫教子、持家度日也是一把好手。我还有一个弟弟叫王永成，为人踏实忠诚，颇有家父之风。弟妹王文芳在其任职的公司任部门主管，也很能干。我应该叫郑有才，怎么说应该呢？后面我来告诉各位。

只可惜我很小的时候就离开了家，没有机会和这些亲人们相处相知。

弟弟王永成，弟妹王文芳

父亲母亲

霍各庄是个典型而又普通的北方小村落。村里几条土路不规则地划分着各家各户。当你看到有围墙的院子，多半算是殷实人家；有砖门的便该是财主家了；盖不起院墙的，不论是夯土的、砌砖的，还是只能用树枝、秫秸扎个围墙的，就是凑凑合合、勉强度日的穷苦人家了。村里大多数的庄户人家都是用秫秸编就简易围墙，我们家也是如此。

据老人们说，北京地区当年每两年左右就会有一次内涝，京城周围的潮白河、永定河常常因此而发大水，只是那年涝得特别厉害。1939年农历七月初十，连日的大雨造成山洪暴发，使得潮白河洪水泛滥，从北向南由山里向着冀东北平原猛扑过来。霍各庄也没能幸免于难，家里三间草房在无情洪水的冲击下轰然倒塌，一家人赖以安身立命的家就这样消失了。所幸的是，家里房子的后山墙是向外面倒下去的，这才保住了一家人的性命。更多亏东院的邻居（他们是霍各庄的大户老梁家）让我们一家人，包括奶奶、桂华姐、有成哥哥、我母亲和尚未出生的我，相互搀扶，十分艰难地爬上了老梁家虽已倒塌但尚存在的屋顶，才免于被洪水冲卷而去的厄运。

在家乡发洪水半年前的正月，我的爸爸就跟东院的邻居还有我表姑夫他们，一起到北京永定门外一家叫三义的木厂去做木工，干拉大锯开木料的体力活儿，每月能挣六元左右的工资，用以养家。就在那期间，一次他们进城买东西，在永定门内天桥附近遇到了日本鬼子抓劳工，茂林爸爸被强抓了去，从此再也没有回来。郑家四兄弟有两个人遭此厄运，为什么郑家时运那么不济，天理何在？！

被强抓的壮丁有的被拉到北京西北的远郊区做劳工，去挖巨型的防护沟。他们被强制每天从事16到17小时的高强度劳役。多年后，在当地发现了埋葬着被长期折磨摧残致死的无数劳工遗体的万人坑。

当年成千上万的劳工还被鬼子运往国外。在将要过鸭绿江的时候，他们中的不少人冒死跳火车逃生，誓死也不愿意离开自己的祖国。不少人掉进了江水里，被鬼子开枪射杀，血水染红了鸭绿江。

许多年之后，在媒体上看到，在天桥附近的天坛鬼子秘密设立了细菌实验所，小鬼子们用活人做活体细菌试验，残害了许多无辜的劳工。

我的老爹就是那千千万万被日本鬼子奴役和残害的中国劳工里的一员。我们家因此失去了主心骨和顶梁柱，生活立即陷入了无比的艰难和困顿。那些失去了户主的千万个家庭哪一家不是如此呢。那些被鬼子强抓去的千万劳工们绝大多数人都再也没能回到他们日思夜想的家，没能再见到他们永远挂在心上的亲人。真不知道我亲爱的老爹当年吃了多少苦，受了多少罪？到底人归了何处？我从没见过我亲爹的面，连张照片也没有，不知道他长什么样。可是妈妈说我长得最像我老爹，走路的样子尤其像，我想这是妈妈特别想念自己不知去向的丈夫和送给了别人的小儿子的缘故吧！

当大水退去之后，在亲友们的帮助之下，家人在旧房基地上伐树搭建了一个简易的圆形窝棚，当地叫"圆瓢"。拓的土坯还没有干，我就迫不及待地要来到这个世界上了。唯一能找到较干爽的地方是两家人合用的驴圈，我就在那里降生了。但妈妈只能回到那个潮湿的圆窝棚里坐月子，所以落下了腰腿关节疼的痼疾，几十年来这个病一直困扰着她。那会儿家里只靠我妈妈和奶奶两个缠了足的小脚女人支撑着。繁重的农活常使她们婆媳二人痛苦不堪。怎么把三个孩子拉扯大，就成了她们必须面对的大问题。到了农历十一月，妈妈和奶奶商量，由妈妈到城里去给人家当奶妈，挣点钱贴补家用以渡过一家人的难关。那时候，我桂华姐姐已经是个小帮手，我有成哥也已经会自己走动，勉强能配合大人来照顾自己。只有我还是个只会哭、只会要吃要喝、要人时刻照顾的小不点儿，所以家人只好忍痛把我送人去找一条活路，也给家里艰难的日子减少一些负担。就这样，在我两个月大的时候，我被送给了王家。家里的大人们只提出一个条件——"不断线"，就是说孩子是送，不是卖，允许家属今后看望孩子。开始问了几家，人家都不同意这个条件。后来我姥爷的同事、木匠师傅崔殿宾（我后来的干爹）介绍了王家，他们同意了这个条件。于是，我大舅回到村里，陪着我妈妈一起把我抱去了王家。

我们离开家的时候奶奶泪流满面，这是自己家的亲骨肉，她怎么舍得我从此离开这个家呢？桂华姐姐更是舍不得把她的小弟弟抱走，有成哥哥虽只有三岁，他也懂得小弟弟要离开这个家了。送别自己的亲人总是那么悲切、那么堵心，只有我什么也不知道，什么也不明白。到了王家，妈妈虽然看到了王家的爸爸妈妈都是非常温和而有爱心的人而多少感到点儿心安，可是在把我交给别人离开的时候，仍然是难以割舍地一步一回头，泪水模糊了双眼……

　　活着就是想方设法吃饱饭，吃饱饭就是为了活着，多么简单的道理，也是生存最基本的要求。可这喂饱一家人肚子的事，却不是每一个庄户人家都能轻易做到的。不论是天灾还是人祸，只要一点点小小的变故，就会很容易打破那十分脆弱的平衡而一蹶不振。

　　不久经人介绍，妈妈到一个山东临城人的家里做奶妈。她每次喂着别人的孩子，心里就时时想着自己的亲生儿子，为此不知暗地里流了多

1950 年，11 岁时和月春妈妈
在北京崇文区（今东城区）
花市大街

少痛苦心酸的眼泪。这种痛是延绵不断、日复一日、咬心嚼肺的煎熬。结果一个多月，妈妈的奶水就没有了，差事当然也就丢了。她向主人借了一块钱，去东四附近演乐胡同西口的媒人店（职业介绍所）等待找工。

自那之后的一段日子，每到夏秋农忙时节，妈妈会返回家乡干她力所能及的农活；农闲时就回到城里来给人帮工，赚取微薄的工薪以度日。如此妈妈一做就是十二年。到了"土改"之后，在老房子的旧址——一片南北长形的一亩多的房基地上，用村里批的木石料盖起了三间房。一家人又有了赖以安身立命的家。这种一排三间的农舍，多是坐北朝南，中间是堂屋，东西两侧各一间睡房。堂屋因要烧火做饭和取暖，日子久了会因烟熏火燎而变得灰暗无光彩，两侧的睡房如果窗户留得够大就会亮堂些。北方的火炕分炕头、炕尾，因为炕面下是"之"字形的烟道，热腾腾的烟火通过长长的烟道，热量会被炕体慢慢地吸收，所以越靠近堂屋热气进来的地方越热，最热的炕头几乎可以用来烤白薯。1976 年回老家探亲时，家人为了照顾我，让我睡在暖和的炕头，那可真是差点儿就给"烤"煳了。

有一年，妈妈帮一位在盐业公司工作的郑先生家照看小孩。公司另一位员工小郑在和妈妈交谈之中，得知她的老伴没有了，便介绍了我后来的继父王民族和妈妈相识。他们第一次见面是在中山公园的"来君雨轩"。见面后他们谈得很投缘，继父很真诚地对妈妈说："你的女儿、儿子我都要，老太太（指我的奶奶）愿意和咱们过也接过来，不愿意来，我也会养活她。"妈妈从这些朴素而诚恳的话语中，看到了一个勇于承担责任的好男人。这之后过了不久，继父王民族从天津郊区的大沽调回了北京，他们便结婚组成了新家，妈妈也开始了她的新生活。

婚后不久，有一次，妈妈和我继父在交谈中说起她还有一个儿子，送给了北京城里一户姓王的人家。继父一听就不干了："这个儿子我也要。"他急切而真情地说道。妈妈对继父说："王家人对他很好。"继父却说："再好也不行，要姓也要姓我这个王，不能姓他们那个王。"

看来继父对我老妈很是情深，他受不了任何对我老妈的不公，不愿意我妈受任何委屈。为此我继父真的去崇文区（今东城区）我王家父母的家中去要孩子了。这可把我王家的妈妈吓坏了，自己费尽心血养了十年的儿子人家要领回去了，就像晴天打了一个霹雳，简直把她给炸蒙了。她赶紧把此事告诉了王家爸爸。王奉伦爸爸倒好像并没有太紧张，他带着我去了王民族爸爸家。老哥俩相见甚欢，交谈得很开心，可是他们两人谁也没有提及关于我的话题。大概是我王家老爸的谈吐气质给我继父留下了很好的印象，孩子在这样的人家生活他也就放心了。

　　后来王民族爸爸对妈妈说："反正孩子在老王家过得也挺好的，就这样吧。"如此，这一场要孩子的风波才告以结束。

王家老爸

人的一生好像上天早有安排，我若不进王家而是生活在怀柔乡下的家里，我的生活轨迹就会是另外一个样子，我的人生也将会是另外一个故事了。并不是苦与不苦那么简单的区别，而是极不相同的生活领域、环境与际遇。上天很眷顾我，到了王家我成了独生子。从小至今，我都从心坎里叫他老爸，口上就亲昵地叫他一声爸。爸爸给我取的名字叫王德才，希望我德才兼备。养父母（这个称谓我只用这一次）给了我世间最真挚的爱，并尽最大的可能使我衣食无忧。

老爸的老家在北京南边几十里开外的河北省霸县（今霸州市）。王家并不富有，但是王家的爷爷辈儿却是有学问的文化人，爷爷当年曾在蒙藏学院做教席。只可惜爷爷的学问和应得的报酬不成正比，所以我老爸王奉伦在高小毕业后，为了帮助家计而辍了学，没能接受更多正规和更高等的教育。不过在往后的日子里，只要有机会，他就不停地通过自学来充实自己。他做过很多种工作：当过办事员，做过装卸工、簿记员、小学校的工务员兼厨师，还做过一段时间的户籍警察。他知书达理，从来不会去敲诈街坊，只能靠一点点微薄的薪水艰难度日。1949年以后，他在副食店做过售货员，用纸包糖、包盐、包茶叶等，那真是包得又快、又严实、又漂亮。他就是没学会骑三轮车，店里进货、送货的活就只能靠其他同事了。到了1958年，在"钢帅升帐"的大潮里，他被调到了北京钢厂，当了精整车间的一名钢铁工人。

我老爸是天底下最好的老爸，他性情温和，从未见他疾声厉色。他对我老妈好得不得了。1957年，妈妈因脑出血，留下半身不遂的后遗症，还失去了语言能力，生活无法自理，直到1975年她过世的18年间，老爸无微不至地照顾她，家里家外一肩挑。在妈妈刚刚得病的时候，我曾经跟学校请假，在家照顾她三个星期。我深深地体会到了一个男人在上班工作之余还要操持家务的艰辛和无助。原来饮食起居是如此烦琐，而且还是日复一日、永无休止。这些家务活儿在绝大多数的情况下都是

王家爸爸（中间）年轻时和两位拜把兄弟合影

妈妈们的工作，所以天下的母亲都很伟大。我只做了三个星期的"家庭妇男"，还是只做家务不用上班；而我老爸是不停顿的 18 年，既要上班挣钱，还要负责全部的家务活儿，还做得妥妥帖帖。他真是很了不起的、很伟大的丈夫和老爸。

我老爸有一双巧手：他能做木工活儿，他会缝制衣服，他还烧得一手好菜。当年爸爸工作的东河槽小学，教语文的马老师家娶儿媳妇，老爸还为他们做过婚礼的宴席。

记得我小时候，每到春节，老爸都会自己动手做供桌上的糕点，从下到上、由大到小，做高高的两摞，供在八仙桌上灶王龛的前面。每天一早一晚还要点上三炷香祭拜灶王爷。腊月二十三祭灶的时候，会拿杠子糖在炉口上擦抹，意思是给灶王爷嘴上抹了蜜糖，请他回天庭述职的时候在玉皇大帝面前多说说好话。送灶的人嘴里还要念念有词："灶王爷本姓张，一碗凉水三炷香，今年小子没有钱，明年再吃关东糖。"不论过年过节或平时，我最爱吃的是老爸炒的姜丝肉、拌的芥末墩儿、熬的肉

20 世纪 60 年代，爸爸的留影　　20 世纪 60 年代，爸爸在自家小院葡萄架前

皮冻，还有羊油炒麻豆腐、雪里蕻炒毛豆子、热汤面、红烧黄花鱼、土豆大白菜、胡萝卜炖肉、回锅肉、烙饼摊鸡蛋、伏地面馒头、豆包、腊八粥、八宝饭……这类家常菜，可口而不腻人，总也吃不够。

每到大年初一的清晨，老妈总是把最干净整齐的大棉袍和棉裤、棉鞋给我穿戴整齐，迎着北京春节还没有灌进春意的春风，跟着老爸踏上去关老爷庙的路途。关老爷庙建造在前门的瓮城里，离家有六七里路，对我来说是段不算短的路程。反正每年只走一趟，返程老爸还会给我买个小风车或是糖葫芦之类的新年礼物，这也给了我不小的动力。老爸每年都会去求一支签，卜一卜这一年的运势。不管是不是上上大签，运势如何，只求图个预知未来的安心。我总觉得那几天庙里的签好像是好的签应该多放一些，求个大家开心，多好啊！

无论如何，老爸对我——他唯一的儿子总是竭尽所有，让我生活得无忧无虑。我生母在 1962 年我们娘儿俩相隔了许多年后再次见面的时候，曾对我说："你（王家的）爸爸妈妈，就是从身上割一块儿肉给你，他们也愿意。你要好好地孝顺他们。"

我没给老爸老妈丢脸，早在 1961 年我在北京民族文化宫剧场主演《鱼美人》的时候，我就请老爸来看了我的演出。他为自己的儿子是主演感到十分自豪。他虽然嘴上不会讲许多赞美的话，可是从他欣喜兴奋的表情和眼神里可以看得出他是多么自豪。老爸特别为我精心烹制了可口佳肴，这是他犒劳自己宝贝儿子的一片爱心。

老爸还有一个爱好，那就是养鸡，尤其是大公鸡。他总是从小鸡仔的时候就用衣服袖子藏着手逗弄小公鸡仔。小鸡仔越长越大，也就越来越凶。好在爸妈家是个小独门独院，小公鸡仔不会伤到邻居的大人和小孩子。我和醇英回家来，总是老远就大叫："爸，把大公鸡圈起来。"老爸总是很得意地说："没关系，它不啄人。"我们只好再三地求老爸圈起大公鸡来，才敢进院。后来因为有了我们的儿子尧尧，老爸才忍着很大的痛苦，叫小姑姑请人把那只公鸡做了菜吃。老爸为此默默地流了泪，他一口也没吃，他说吃不下去，下不了嘴，也不许别人把做好的鸡端过来。

老爸每年都种些瓜豆之类的蔬菜。秋后自己腌些咸菜，只图吃个鲜儿。老爸是个好园丁，小院子从夏天到秋天，一派深绿浅绿、花白花黄，成串的葡萄、满架的丝瓜扁豆既好看又遮阳。在绝大多数人住大杂院儿或单位集体宿舍筒子楼的时候，爸爸家的这个独门独院虽然很小很小，可是在避阳处摆张小炕桌，来两瓶冰镇啤酒，拍点儿黄瓜，再来点海蜇皮，爷儿俩对坐而饮，小院就成了人间天堂。

我的老妈

我的老妈于淑贞，她的老家在北京东郊双桥地区的定福庄，当年应该属于通县（今通州区）。小时候妈妈曾带我去定福庄走亲戚。记得我们是在东便门站上的火车，短程的慢行车叽里咕咚地开了不大会儿就到了双桥站，我们娘儿俩下车后往北步行20多分钟就是定福庄了。老妈的舅舅——我的舅姥爷他们就住在那里。记得在定福庄我没有见过老妈的父母亲和老妈的兄弟姐妹，我的老爸老妈也没跟我说起过妈妈的这些亲人，我也只觉得跟爸爸妈妈在一起很幸福、很开心，没有再多想别的事，也没见过这些亲人，也不知道他们都是谁。去定福庄是我这个"城里人"第一次下乡，对什么都新鲜，长在地里的高粱、玉米和小麦我都是第一次见到，香菜、芹菜、辣椒、茄子、西红柿和扁豆也是第一次看到它们长在地里是什么模样，真长了不少见识。甚至乡村里烈烈的骄阳都好像比城里更热，"吱吱"的蝉鸣、"呱呱"的蛙叫，也比城里头更响亮。反正什么都和城里不一样，什么都是那么新鲜。当年怎么也不会想到，京东小小的定福庄，今天会变成中国传媒大学的校址所在地。

我老妈年轻的时候是个很标致的北京姑娘，她生得眉清目秀、端端正正，白净的皮肤，开过脸的前额丰满整齐，挺直的鼻梁，稍显深邃的眼窝，明亮的双眼中总带着安详而满足的神情，还未开口先带笑，谈吐是字正腔圆的京腔京韵，声音真的很好听。就是叨叨我、吆喝我时都那么好听。我老妈的双脚是天足，但是不大不小很秀气，她未曾生育过的身板儿一直保持着姑娘般妙曼的体态。说我老妈是美女绝不为过。妈妈的针线活儿也是一流的。她做的烙饼摊鸡蛋是我小时候记忆里"打牙祭"的"追肥餐"。

那时没有几个人拥有照相机，我们也一直没有相机。直到我1960年出国，在莫斯科买了一个便宜的小相机，这才能自己拍照了。小相机是东德生产的，爱称"小鸡眼"，因为镜头很小，像个鸡眼睛。1965年8月，在北京羊房胡同爸妈的小院子里，我给爸妈拍摄了下面的这张照片。母亲已经全身瘫痪卧床8年了，上下床老爸都得背着她。

1965 年 8 月，爸爸妈妈在自家小院的葡萄架前

老爸的亲人

　　我老爸原来有一个哥哥，可惜早年夭折。老爸还有一个姐姐——我的大姑姑王砚卿，她为人做事有板有眼，能识文断字，气质高雅而又有那么一点儿不怒自威的神情，笑起来却又那么可亲可近。我的大姑父祁仲奎，是八旗子弟，生得高大魁梧。年轻时曾经当过紫禁城神武门的护卫。我是他的知音，每次去他家都要缠着他给我讲故事。每当给我讲故事的时候，他的神情是那么庄重自豪。大姑姑的家在阜成门外大街南不太远的一处村庄里，青纱帐起来的时候，姑姑家那独门独院的一排北房掩映在高大的树木和青翠葱绿的庄稼之中，院里还有一台压水机和一盘磨，一片自给自足的农家乐图景。

　　老爸还有一个妹妹——我的小姑姑王淑勤，她也能识文断字，家务、女红都是一把好手。小姑姑生得很是秀美。小姑父何锡铎是英文排字工，早年任职于辅仁大学印刷厂，后任北京西城区印刷厂车间主任。他为人豪爽，一表人才。小姑父的弟弟何秉芝和婶婶吴素琴和我小姑父他们住在同一个院落里，兄弟俩共同抚养着他们的父母亲，那是两位和蔼可亲的老人家。秉芝叔家有五个子女：大女儿何秀玲、大儿子何建璋、老二建琪、老三建新、小女儿建秋。我和他们相处得很融洽。

　　所有郑家、王家与何家的我的亲人们，我打从心底里爱他们，想念他们。这些长辈们都疼爱过我，兄弟姐妹们都关心过我、醇英，和我们的儿子小尧尧。

1	2
3	4
5	6

1 大姑姑王砚卿

2 在大多数人住大杂院或单位集体宿舍的年代，能有老
爸这样的独门独院，虽然很小，已经是"天堂"了

3 小姑姑王淑勤和小姑父何锡铎

4 和爸爸在家附近小公园

5 和小姑姑在后海小公园

6 儿子尧尧和他的秀玲姑姑

重庆名门的大孙女

1940 年初，在山城重庆，一个长得像洋娃娃的小姑娘出生了。她就是我的"天鹅公主"高醇英。她是高老太爷高秀山（字志敏）的大孙女，高士愚和英国妻子高施嘉德的长女。

高家是名门望族。高老太爷（高志敏）原籍河北省通县（今北京通州区）东石村，蒙古族。早年经北京、广州再到重庆来创业。他曾任重庆商会会长、河北同乡会（后扩大为直鲁同乡会）会长。高老太爷在林森路 48 号开设了"美趣时商行"，销售化工原料、染料、肥田粉等，是英国卜内门公司（Brunner Mond，大英化学工业公司前身）在四川全省的独家经销商，在全川有几间分行。另开设"慧苓商行"，销售香水、甘油、口红、雪花膏等化妆品。他还生产过女袜和提花棉毯等。我总想，他一个人怎么能经营管理这么多的生意呢？真的要非常聪明、非常能干才行。

高老太爷在沙坪坝买下大片土地，修建了纺织厂和住房。他为人乐善好施，田地都让农民自行耕种，不收年租。因为他觉得，抗战时期百姓连最基本的生活都很难维持，还有那么多流离失所的难民，他就提供土地让一些人能够解决吃住生活问题，当地百姓无不称颂其德。他还请了园艺师将从南京带来的许多外国花卉种在石坡梯田上。这些花卉艳丽夺目，当地的老百姓都可前来观赏。久而久之，老百姓便称此地为"高家花园"。

高老太爷特别喜欢小孩子，他和醇英祖母童云仙共生育了 17 名子女。醇英的父亲高士愚是长子。三姑姑高士蓉，毕业于护士学校，三姑父骆允生是西医大夫；七姑姑高士慧，毕业于重庆大学经济系，开厂经商；八叔叔高士鲁，是清华大学外语系高才生；九叔叔高士彦，是纺织专业技师；十叔叔高士度，毕业于重庆大学化学系，在昆明地质学校任教；十一叔叔高士恕，是上海交响乐团小提琴家，婶婶王珏是女高音歌唱家；十三姑姑高士苓，毕业于天津大学建筑系，是高级工程师，湘江

高醇英的祖父高志敏

高醇英的祖母童云仙

大桥、长沙图书馆设计者之一；十四叔叔高士孟，毕业于天津大学无线电电子工程专业，曾是统筹创建十多座成都无线电厂的规划人；十六叔叔高士衡，是广州交响乐团首席小提琴、指挥、作曲家，婶婶陈庆云是中国古典民族舞蹈家、广东歌舞团的主要演员；十七叔叔高士策，毕业于天津大学建筑系，是高级工程师，是攀枝花钢厂副总设计师、自贡恐龙博物馆设计师。

几十年后的今天，高家人虽已分散在亚、欧、美三大洲，但是"高家花园"这个地名保留至今。嘉陵江上的三座宏伟壮观的大桥，就是以"高家花园"命名的。

高醇英的祖父（中）在重庆林森路48号"美趣时商行"

1946年前后，高醇英的九叔高士彦、十叔高士度在重庆

高老太爷长子的留英姻缘

  高老太爷通过大英化学工业公司的经理联系到英国里兹大学纺织系主任巴克教授，于 1934 年推荐他的长子高士愚到该系学习纺织，同时兼学习印染化学。高先生在专业学习之余，还去学习华尔兹等交际舞。1936 年秋，高士愚先生在他参加的第一次舞会上见到了金发碧眼、娇小玲珑的玛吉瑞·施嘉德小姐（Marjorie Scott）。高先生对她一见钟情，于是就走上前去，很绅士地问道："我能请你跳这支舞吗？"这位英国小姐是第一次看到眼前站着一个亚洲人，虽然吓了一跳，但还是很有礼貌地欣然答曰："当然可以。"整个舞会高先生一直与她共舞。会后他很殷勤地开车送她回家，其实她家离舞厅很近，走路 10 分钟就到了。在里兹大学舞会上他们第二次见面时，这位中国留学生就很自信地对她说："你会成为高夫人的。"

  玛吉瑞是英国北方约克郡人，和母亲与两个姐姐、一个妹妹住在里兹市。

  高士愚先生的英俊外表、翩翩风度和他的诚意，终于赢得了玛吉瑞小姐的芳心。按照中国的传统，他在婚前去函并附上未婚妻的照片到国内向父母请示。祖母童云仙原来是不同意这门亲事的，因为她已经为儿子相好亲了，于是回信表示婉拒。后来一位世交提醒她，她的长子身在万里之遥的

高醇英外婆与母亲（左一）、二姨（左四）、小姨（左二）在一个犹太人的婚礼上合影

高醇英父亲高士愚

高醇英母亲玛吉瑞·施嘉德

海外，家人鞭长莫及，如果他们的儿子十分珍爱这位英国小姐，而家中又不予接纳，自家儿子则很可能滞英不返，岂不是连儿子也要失去了吗？于是父母就速发电报，告知同意他们结婚。电报先于信件抵达英国，这对有情人顺利成婚。

醇英的父亲在四年内学完了六年的课程，提早两年毕业。毕业后于1938年9月3日在里兹圣约翰教堂，与玛吉瑞·施嘉德小姐结为夫妻。当天《约克郡晚报》还派来记者并以"一个中国学生的浪漫史"为题对婚礼做了热情的报道。

1938年，高士愚先生在里兹大学毕业典礼联欢会上演唱京剧，扮演王宝钏

1929 年，高醇英母亲（左）和小姨（右）

1938年里兹大学德文郡学生宿舍舞会，左起一、二为高醇英的父亲母亲

1938年里兹大学纺织系毕业生与教授合影，第三排左四为高醇英父亲

1 英国利兹圣约翰教堂高醇
英父母婚礼合影

2 1938 年 9 月 3 日，英国利
兹高醇英父母婚礼照，右
一为醇英外祖母

一个月的蜜月后，高先生携新娘回重庆。那时对英国人来说，中国是一个十分遥远而神秘的国度。当时中国正是抗战最艰难困苦与危险的时候，但玛吉瑞毫不迟疑地跟随她的先生奔赴战火纷飞的中国。他们夫妻二人从英国乘船到马赛，继而乘"盎特莱蓬"（Andre le Bon）号法国邮轮在海上颠簸近一个月才抵达越南的海防，再乘火车去河内转去边境城镇老街，在此住一夜后乘火车去往昆明。那趟去往昆明的火车只有一节车厢，醇英母亲形容其是"像用绳子捆绑着的铁皮箱"，两个火车头一推一拉，"吱吱嘎嘎"地在悬崖峭壁上的盘山铁路走了一天才到达。而就在他们到达的第二天，铁路就被日寇炸断了。又经过几天的等待，夫妇俩才乘坐邮政飞机自昆明抵达目的地——高士愚阔别数年的故乡重庆。

　　在他们二人到达珊瑚坝机场时，高老太爷用汽车迎接从万里之外异国他乡而来的洋媳妇。高老太爷深情而赞许地对她讲："欢迎你嫁入我们家，你很勇敢。"我未来的岳母从此开始了她在中国30余年多姿多彩、跌宕起伏的异域生活。高先生也根据她娘家姓Scott的译音，给太太取了一个很优美的中国名字：高施嘉德。

　　1939年4月高士愚先生到国立中央技术专科学校纺织系任教。1940年，龙年正月初十，高家妈妈在重庆加拿大教会医院生下了他们的第一个宝贝——我的公主高醇英小姐。

　　日寇对战时重庆的大轰炸，使得数以万计的同胞惨遭杀害。醇英的祖父很有远见，抗日战争爆发不久，他就让工匠们在住宅的厨房地下挖了面积很大的防空洞，以备家人和店员们躲避空袭之用。从入口进去，顺着斜斜的但不是很陡的石阶走下去，很快就会看到细细的流水从石壁上淌下来，这就是醇英当年对防空洞留下的印象。凡遇到空袭，高妈妈就拿着奶瓶和饼干筒带着醇英躲进防空洞。高宅曾三次遭到日寇轰炸，一次将家里二楼客厅炸飞了一大片，另一次炸在防空洞口，高妈妈的一只耳朵被震聋了，她左耳失聪。

　　高家修造的防空洞不仅护卫了家人也保护了周围居民。特别是1941年9月初的一天，日机抛下了燃烧弹，在重庆东水门的公共防空洞隧道洞口引起大火，人们无法逃生。这时高家爸爸当机立断，打开了自家防空洞与公共防空洞地道相通的木栅门，他手里还拿着一把没有子弹的手

1

2

1 1938 年 11 月，高士恩夫妇二人到达
  重庆

2 1938 年 11 月，高醇英的母亲与高士
  恩七妹高士慧摄于重庆珊瑚坎机场

枪，用以维持秩序。他安抚慌乱无序而又急于逃生的市民，对大家再三喊话，让大家一定要有序撤离，不要拥挤，大家都可以走出防空洞。用了三个多小时，2000多人从"美趣时商行"的洞口成功逃生。第二天，获救百姓都到"美趣时商行"前叩头，感谢高家救了他们的命。醇英的祖父和父亲又做了一件功德无量的大好事。

1940年，高老太爷出资创建的救火队在日本轰炸重庆后奋勇灭火

那么不一样的童年

我常想我这几十年的生命，都是王家的妈妈爸爸用他们的爱重新给我的。要不是两位老人家，特别是妈妈不分日夜地看护照料，我这条小命有可能在来到这个世界没多久就走完全程了。听亲人们说在我两岁多的时候，一场大病几乎要了我的小命。两个多月不停地泻肚子，人已瘦得皮包骨，小脖子几乎撑不起脑袋，两只眼紧闭，有气无力地喘息，这条小生命在跟死神奋力搏斗。

街坊四邻的大妈大婶们都说："淑贞这媳妇对德才这孩子真好。"私下里有的邻居不无担心地说："依我看那孩子够呛。""不是我咒那孩子，看样子过不了这几天了。""都拉成什么样了，唉。"也有的说："只要有点办法，谁也舍不得撒手。""可不是！叫谁谁也舍不得。"当然，当着我妈妈的面儿，总还是讲些宽慰和舒心的话："这孩子好点儿没有？"有的邻居询问着："他王婶儿，这孩子看着强了点儿似的。"每当这个时候，妈妈总是腼腆地低着头望着怀里的宝贝儿子，嘴角向上微微牵动，算是对大妈大婶们善意关怀的一种由衷的回应。有一天，我的情况有些不妙，妈妈十分紧张，急忙托人给正在上班的老爸捎去了我昏迷的消息。老爸听罢急忙走出办公室，一下台阶就急昏了过去。是周围的同事把他唤醒过来，帮他叫了洋车送回家里。还好我也及时地醒了过来，一家人这才深深地舒了一口气。

日子就这样一天天地过着。除了要服侍我祖母的起居和爸爸的生活，妈妈把全部的爱都给了我。家里的生活就靠爸爸做小职员那一点点微薄的薪水，哪儿还有钱为我看病。再说当年也没有几家西医院，而且很昂贵，我们家也根本看不起病。更担心的是怕被日伪当局的有关部门说成是传染病"虎力拉"之类，还要招惹来许多可怕的麻烦。就算是家里生活再艰难，爸爸妈妈都会尽量地节衣缩食，并设法弄到点儿白米，熬最精细的米浆喂养我，也救活了我。王家妈妈虽然没有生我，可是她养育了我，用最伟大的母爱对我始终坚持，不肯放弃。她紧紧地怀抱着我，使我感到温暖和力量，让我闯过了我生命里最大的一道难关。父母亲的爱是最好的强壮剂，使我自身渐渐恢复抵抗力和生命力。就靠这些，在跟死神的搏斗中我胜利了，腹泻止住了，慢慢地脖子也挺起来了，身上、脸上开始长肉了，一天比一天壮实起来了。爸爸笑了，妈妈笑了，连奶奶也笑了。

大约在1943年，应该是夏秋天吧，京城及河北一带蝗灾泛滥，许多农田被蝗虫吃得精光，几乎颗粒无收。许多农民因此衣食无着，只好外出讨饭，生活十分艰难。蝗灾就像俄罗斯大诗人普希金当年写给他长官的视察报告诗中形容的那样："蝗虫飞呀飞，飞来就落地，落地一切都吃光，从此飞去无踪影。"就连北京城里的花草树木也无一幸免，被啃个精光。每到晚上每根电线杆上都爬满了蝗虫，我老爸就用纸盒子扣，一扣就是一盒子。拿回家去放在一口原来盛粮食的缸里，没费多少力气就弄了一满缸。把蝗虫的头揪掉再扯下翅膀，用油一炸很好吃，可是那会儿没有什么食用油，只能在铁锅里干爆一下，待蝗虫变成咖啡色就可以吃了，味道还可以。那会儿可不是山珍海味吃多了来点儿野味尝尝鲜，那可是拿来当饭吃的。

记得那会儿还吃过豆饼。所谓豆饼，就是反复榨过油的黄豆渣子被压制成很硬的圆形饼子，一般是直径一尺多一点，三寸多厚。用菜刀或锤子把它敲成小块，放入热水里熬煮，很费火，煮到能咬得动，分到一碗碗中去吃，这也是粮食。日寇占据北京的时候，是不供应一般老百姓大米的，能买到点儿带沙子的小米、高粱米或陈年的老玉米就很庆幸了。玉米面做的窝窝头就算是很不错的饭食了。由此，我想起一个很有意思的器具——"支炉儿"。它是瓦制的，圆圆的，直径一尺半左右，边沿高度三四寸左右，圆弧形的面子上留有许多不大不小的洞洞，像个筛子。可以把它放在煤球炉子的炉口上，把隔夜的窝头切成片放在上面烤，那窝头片既热乎又焦脆，就算一不留神烤煳了，也不过煳了一些小点点，还是能吃的。

1944年冬天，王家的奶奶过世了。在我和她老人家短短几年的相处中所得到的记忆是，奶奶跟我不亲，甚至有点儿不待见我的劲头儿，我也有点儿怕她。一般祖孙之间的隔代人是很亲的，祖辈会溺爱小孙子，孙子辈儿的会缠着爷爷奶奶撒娇要赖、讨吃讨喝、讨玩具。可我和奶奶从没有这么亲昵地玩耍过。小时候也不懂为什么会如此。直到二十几年后我知道了自己身世的真相后，才慢慢地回过味儿来：因为我不是她的亲孙子、亲骨肉。奶奶的过世对我的冲击和影响都不大。我可以看得出来，她老人家对我妈妈也是不苟言笑，甚至不怎么喜欢我妈妈。正所谓"不孝有三，无后为大"，也许我妈妈没给他们王家续香火，对她而言是最大的不应该。奶奶去世的时候我只有5岁，我是照吃、照睡、

1944年3月，与爸爸的第一张合影，也是我人生第一张照片

照玩儿，妈妈给我在棉鞋面子上绷一层白布，鞋后跟的鞋帮上缝上一块红布，以此表示孙子辈儿的人在戴孝就是了。当然请和尚来念经以超度亡灵的法事是不能免的。可是家中并不宽裕，不可能做到"七七"。出殡前一天和当天做做法事，以尽子孙的孝道，也就说得过去了。

1942年秋，在千里之外的重庆，高家的老太爷因高血压中风病故。按照中国的旧传统，高家做了49天的法事。因为高老太爷生前热心公益事业，深受各界人士的尊敬，在林森路家中设的灵堂里，前来祭奠的人们川流不息。高家每天午、晚宴开10席，款待前来吊唁的宾客们。为了超度先人的亡灵，还请了不少的和尚，领着高家的孝子孝女们环绕着庭院一圈圈地走，边走边念经。大孙女醇英虽然只有两岁，也跟着绕来绕去地走。旁边一个小和尚，每走一会儿，就用敲木鱼的木槌在醇英的头上轻轻地敲打一下。小公主抬头看看淘气的小和尚，他则对小公主报以微微一笑，觉得这个小洋娃娃太好玩儿了吧。高老太爷出殡那天，送殡队伍排了好几条街，有2000多人。最前面是几十个人的消防队员队伍，由16匹消防大马开道。1938年2月日寇开始轰炸重庆后，高秀山老先

生就出资组建了重庆救火会。消防员们感念高爷的善举，都来送老先生走好这最后一程。

　　按照老习惯，孝子孝女以及男女亲友都是男女分开而行。醇英的妈妈是大儿媳妇，牵灵走在女眷的首位，一路浩浩荡荡地向沙坪坝高家花园进发。到了通远门，人群熙熙攘攘，她竟和家人走散了，没能乘坐上家里为女眷准备的车辆。好在她知道去往沙坪坝的公共交通工具。于是这位年轻美丽的洋女人，从头到脚一身白色的中式重孝装扮，也就是常说的"披麻戴孝"，手里还握着一根哭丧棒，一个人上了重庆的郊区公共汽车。真是叫人哭笑不得，竟把这个洋大嫂给弄丢了。

1

2

1　1942年祖父过世，高醇英在祖父的坟地
2　高醇英祖父出殡日现场

高家爸爸妈妈积极参加保卫中国同盟的工作

抗日战争期间，在重庆，孙中山先生的夫人宋庆龄女士创建和组织领导了保卫中国同盟（即后来的中国福利基金会，以下简称保盟）。孙夫人竭尽所能召集国际友人大力支持中国的抗日战争，将自己寓所的底楼辟为办公室，奉献给了保盟。保盟的主要活动是筹集资金，以供给前方的战士和后方的孤儿所需。为此，找银行企业捐款、举办慈善捐款舞会、音乐舞蹈义演、收集捐献物资等成为保盟开展的很重要的活动。

高家妈妈在廖梦醒女士的引荐下加入了保盟，积极地参加保盟的工作，在理事会内与贺耀祖市长的夫人倪裴君女士等其他理事通力合作，全力协助孙夫人的工作。高家妈妈特别组织国际妇女俱乐部各种活动用来筹款，她也把国际友人捐赠的衣物发送给大家。衣物都是先集中在"美趣时商行"的二楼居所，再送往孙夫人的寓所，而后转运到前方及孤儿院。孙夫人为了保盟的工作也常到高家来商议交谈。孙夫人非常信任高士愚夫妇，与他们结下了真诚的友谊。

1943 年秋，重庆举办胜利大厦的开幕典礼舞会，名人政要云集。高家爸爸妈妈也应邀盛装赴会。晚会上他们二人配合默契、姿态优美的探戈舞，吸引了在场所有人。商震将军和夫人也在场，他们请高先生、高夫人一起喝酒，表示想跟他俩学跳舞。我未来的岳父母并未过于认真看待此事，以为商将军政务繁忙，时间对他们应很宝贵，不一定真的会学跳舞。谁知没过多久，商将军真的给他打了电话，并与夫人一起驾临高府拜师。将军出行，隆而重之，宪兵随行，布岗置哨。他们热情款待，认真地示范舞步，开始一对一地教将军夫妇跳舞。看来商先生是想做一位"武舞双全"的将军了。将军不久就到华盛顿出任中国驻美军事代表团团长，高士愚夫妇教的舞步在外交社交场合中就要大派用场了。

抗日战争宣告胜利的那天，重庆全城一片欢腾，庆祝胜利。高家爸爸妈妈回到"美趣时商行"，公司的全部职员已在那里等候他们。桌子上放着一碗茅台酒。高家妈妈马上想起了几年前的诺言；"抗战胜利那天，我一定喝一碗茅台酒庆祝。"她毫不犹豫地走向桌子，端起碗，高呼"胜利！干杯！"，将那碗酒一饮而尽。喝完之后，立即醉倒在地，昏睡了过去。

儿时的"天鹅公主"

　　小公主四五岁的时候，已经长成一个小美人了：挺挺的鼻梁，大大的眼睛，小嘴儿总是笑盈盈的。她把爸爸妈妈身上最有特点、最美的部分，毫无保留地继承了。她的性格很天真活泼。有一天，只有 5 岁的醇英，在沙坪坝高家花园家中一个人跑到了厨房里。她东瞧瞧、西看看，见到了几个酿酒的大缸，被那缸里飘出的阵阵酒的醇香所吸引。平时她也见过大人们从中舀酒，于是她就搬来一个小凳子爬了上去，打开了酒缸的盖子，还拿了一个小碟子从那里头舀酒喝。正在她十分开心陶醉的时候，被家里的佣人发现抱了下来，小公主这才没喝醉，也没掉到大酒缸里而险些成了"醉鹅公主"。

　　美丽的小公主成了高家爸爸妈妈社交圈子里很出名的小美人。在不少叔叔阿姨的婚礼上，都会时常见到这个洋娃娃花童，她踏着《婚礼进行曲》的节拍，熟练而优雅地抛撒着片片鲜艳的玫瑰花瓣，为喜庆的婚礼增添了一道亮丽的色彩。

　　在我 5 岁的时候，拍下了有生以来的第一张照片。这张照片和醇英

王庚尧 5 岁在北京

高醇英 5 岁在重庆

高醇英——出生在重庆的洋娃娃

5岁时候的照片至今一直摆在我们俩床头上，这是当年留下的最真实的记录：一个身着礼服长裙，足蹬小皮鞋；另一个棉袄棉裤，外罩长棉袍、棉布鞋。小公主头戴美丽花冠，我则是寸草不生的和尚头。

如此不同的两个小孩子，一个在北平，一个在重庆，一土一洋，有着完全不同的家庭、不同的文化背景、不同的生活环境，没有丝毫相同之处，似乎毫无交集的可能。可是20年后，这两人却结成了夫妻，这只能说是命中注定吧。

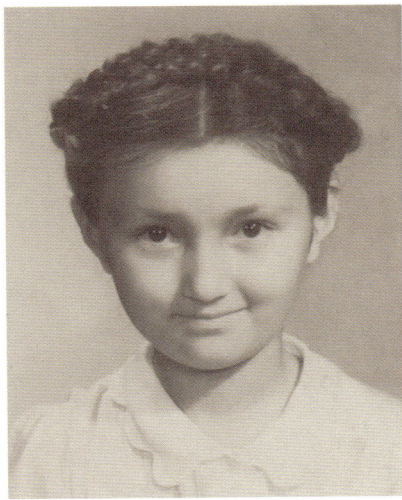

1　高醇英 5 岁在重庆
2　高醇英 6 岁在重庆
3　高醇英 7 岁在纽约
4　高醇英 8 岁在上海

上学和逃学

1945 年秋季开学的时候，我马上就要满 6 周岁了，按虚岁算，我已经 7 岁了。14 年的抗日战争，就在这一年咱们中国胜利了，日本鬼子投降了，中国的老百姓再也不受小日本的欺侮、压榨和屠杀了。我那会儿最明显的感受就是，大人们的脸上都有了多年不见的爽朗的笑容。虽然大多数老百姓在物质生活上没什么太大的变化，可是不做亡国奴了，那种重见光明、重做主人的民族自豪感，让每一个人都长长地吁了一口气，腰板也挺直了。尽管世事在变，可我还是个离不开爸妈，被宠坏了的窝里横、没见过世面的"懑窝子"。

家里的生活依然很拮据，可是新学年一到，爸爸就给我在王府井附近的八面槽小学办了入学手续，交了学杂费。那是一间在北京很有名的教会学校，所有的学生每天清晨要在第一节课之前，去校内的大教堂做早祈祷。（这座大教堂至今十分完好地保存着，校舍在市容改造当中被拆除得一干二净。）我们要跟着神父朗读"要理问答"一类的祷告词，如"你为什么生在世上？""我生在世上为信天主而进天堂"……几十年已过，只记得大意如此。祷告之后才去上课。而我到了学校之后，不管在哪里，送我来上学的妈妈一定要在我的视线之内。我在教室上课，妈妈就要站在教室的窗外等着我，一直到放学。她就这样每天形单影只地一个人站在空旷的校园里，这需要何等的爱心和耐心！有一天，妈妈实在站得累了，在窗外的长凳上刚刚坐下一会儿，想歇口气，教室里就传来了"妈……妈……"鬼哭狼号似的哭叫声。同学们被我突如其来的哭叫声给吓傻了，教我们语文的萧老师急忙上来安慰我。我的哭声、萧老师亲切温柔的安慰声、同学们七嘴八舌的议论声混作一团，一时，教室里完全乱了套。妈妈也顾不得我们正在上课，急忙跑进了教室，对萧老师抱歉地说："萧老师您可别生气，我们这孩子实在是懑窝子。可我没料到他会这么大哭大叫。哎呀，真没辙……"

萧老师用手拢了一下低垂的短发，和颜悦色地对我妈妈说："王太太您放心吧，德才同学很快就会习惯这里的。您越是在这里，他就越依赖您。您尽管放心，我会照顾他。""那就谢谢您了。"妈妈说。"您别这么客气。"妈妈又不停地嘱咐我："乖孩子，听妈话，也听老师的话。乖乖的，好好上课。"我对妈妈说："妈，您别走。"说完了偷偷地看了萧老师一眼。老师投来了信任和鼓励的目光，我只好改口说："您别走远了。"妈妈说："妈妈不走远，就在门儿外边。你乖乖的，回家妈给你烙饼吃。"她边说边走，慢慢地退到了门口，还对萧老师说："谢谢您萧老师。"说完这才走到门外去。

萧老师啼笑皆非地点了点头。她从师范院校毕业快五年了，还是头一次遇到这样的母子俩。看来这孩子在家被惯得太厉害了，要好好地帮助他。她回到我身边轻声地问道："王德才同学，你干吗要来上学呀？"我觉得老师问得奇怪，傻乎乎地看了老师半天才说："我爸爸叫我来的。""你爸爸为什么叫你来呀？""让我念书。""念书又干什么呀？""长大了做事，好孝顺爸爸妈妈。""对呀，你看，妈妈家里有好多事要做，要给你做衣服、买菜做饭……你不叫她走，她怎么做事呀？乖孩子就要好好念书，好好听老师讲课，对吗？""我怕……""怕什么呢？""怕……怕……"我当然不好意思说我怕生人，只好说："我怕她不来接我了，我该饿着了。""不会的。"萧老师接着说，"到放学的时候，好多同学的爸爸妈妈都来接他们回家。你妈妈要是不来，我送你回家。"我自知理亏，只好"嗯"了一声表示答应了。眼睛还不时地瞄着左边的窗户。当我看到妈妈那熟悉的面庞和慈祥的笑容，这才破涕为笑。"同学们，我们继续上课。"萧琴老师银铃似的好听的嗓音在教室里响了起来。"一，天亮了。""一，天亮了。"同学们跟着念道。"二，弟弟、妹妹快起来。""二，弟弟、妹妹快起来。""三，姊姊说……"

一个礼拜后，妈妈的面庞从一年级乙班教室面北的第三个窗户上消失了。可是我大哭大闹要找妈妈的闹剧，却在学校里传开了。我这个"愞窝子"也因此而出了名。没想到，还没过三个月，我就又做了一件"不一般的事"。上学是不用妈妈陪读了，可是课是越上越难，萧老师又偏偏特别"照顾"我，谁让我给她留下那么深刻的印象呢。她常常叫我回答问题或默写生字。那一个个写在白纸上的黑字，都有一种似曾相识之感，好像在哪儿见过，可又念不出来。我的成绩总在刚刚及格和不及格之间徘徊，为此没少挨爸爸的责骂。我就像跟方块字有仇似的，跟它们怎么也亲热不起来。如果哪次运气好考个七十几分，我就得意得不得了。要是撞大运考了个比 70 分更好的成绩，我会到处跟同院的邻居大爷大妈、大叔大婶们显摆，尤其愿意拿给我干爹看。我的干爹叫崔殿宾。当年就因为他的热心肠，撮合了郑、王两家，才使我来到了王家，爸妈让我做了他的干儿子。那年我干爹 40 多岁，他有两个儿子，还有疼我的干妈，四口人过得还算顺心。干爹是个技术很棒的木匠。平时爱喝两口儿，爱唱戏，爱说爱笑，我们爷俩很投缘。这会儿他调侃我说："那让我看看前几回的分数单，好不好？小子，别光说过五关斩六将，那'走麦城'那段算谁的？"

干爹这么一说，我就来劲了，嘴里说着："您怎么不说说您喝多了锯短了凳子腿那回事儿呀！"

众人哄笑，大杂院热闹得像过节，干爹笑着说："好小子，哪壶不开提哪壶！"又是一阵爽朗的"哈哈哈"的笑声。

我小时候对文字有一种抵触情绪似的，老是怪汉字不好记，直到今天动笔写这篇回忆录式的文章，也时常是文思涌动而提笔忘字。学校的功课越来越难，再加上每天比别的学校的学生还要早起，课前还要去教堂祷告。我跪在教堂的长椅后哈欠不断，心里还嘀咕着，怕功课补不回来，字记不住，少不了又得让萧老师很"亲切"地剋一顿。我越想越心烦："念什么鬼书，干爹不认得几个字，不是活得好好的吗？"不一会儿，脑子里又浮现出学校旁边狗尾巴胡同里的石器作坊，石匠师傅们雕刻的许多玲珑可爱、栩栩如生的石人、石马，还有大肚子张口笑的弥勒佛。"嘻嘻！"想到这里，我心里笑了起来。"那个弥勒佛笑得多开心，还露着个肚脐眼儿。"每天上学的路上走过那儿都想多看一会儿，可是要上学，从来也没有好好地多看一会儿。"干脆不上学了，就去看刻石头人儿，多好玩儿。"这个念头一出来，一开始自己也吓了一跳，可后来又想："我只去看一次，谁也不知道，那有什么关系，没事儿。"于是，我终于下了决心。

一天清晨，在狗尾巴胡同和本司胡同拐角的地方，一个矮小的人影儿来回走动，一会儿在本司胡同和同学们一起往西走，一会儿又独自一人往东行和迎面而来的同学们擦肩而过，拐上狗尾巴胡同向北行。如此往返了几次，直到同学们都进了校门，小人影儿才停住脚步，呆立在两条胡同的相接处。这个小人影儿就是我。因为今天要实行我的逃学计划，我心里十分局促不安。一个声音说："还是上学去吧，万一让人家知道了多丢脸哪！"另一个声音却在说："反正谁也没有看见，就这么一回。明天告诉老师说我肚子疼才没来上学，就得了。"想是想，可还是怕。我不时地四处张望，谢天谢地，没遇上迟到的同学，要是遇见就麻烦了。

这时"当，当，当，当——"学校的钟声在敲，我的心在"怦怦"急跳。"现在去还来得及！""不！去了又要挨老师的剋。还不如玩一天呢，还不用做功课。"决心已下，我蹑手蹑脚地走到学校靠本司胡同的围墙外面，把书包往墙下排雨水的沟眼里一塞，撒腿就往那个石匠作坊跑去，就这样开始了我的逃学事件。在那个作坊门口，我骑在一个卧着的石雕小马背上，津津有味地看着师傅们做活儿，好像我这辈子就要当石匠一样。就这么着间断地去看了几次，功课上的事就有点儿说不清道不明了。

一天，我又藏好书包跑到石器作坊，照旧骑在石马上看师傅们做活儿。正在入神之际，突然，一只手轻轻地拍了一下我的肩膀，我一回头发现是我老爸。我脱口而出："我去上学去。"可老爸却和蔼地对我说："今天不上学了，家里有事，咱们回家去。"我胆怯地求饶了几次，对老爸说："我去上学。"可他一直和颜悦色地说："今天不上学，走吧，咱们回家。"爸爸一手拿着那个被我塞在沟眼里的书包，另一只手拉着我，一路从灯市口附近走回演乐胡同的家里。他一直都没有发脾气，我也就半信半疑地放了点儿心。到家后爸爸没有骂我，也没有打我，还是没有发脾气，只是叫我把衣服脱掉，我先脱去上衣，再被要求脱去长裤，最后连内衣也被要求脱掉，成了一个小光屁溜儿。这会儿我已经有点儿不知所措了。爸爸拿了一块搓衣板，放在房门外靠墙处，这时他才厉声道："脸冲墙，跪到搓衣板上去！"那声音是不容置疑的。这时，我明白了，惩罚终于来了。我不敢不听，十分不情愿地走到了外面，双手护着我的大腿根儿，面壁跪了下去。不多时，大院里的许多小孩子都闻讯跑来看热闹，其中还有不少女孩子，他们躲在别人身后偷看，还"哧哧"地笑我，或指手画脚地互相说着我什么。有的还用手指刮自个儿的脸蛋儿，念念有词地叫道："没羞噢，没羞噢，逃学鬼，没羞噢！"在大伙儿的注视和议论下，我的脑袋"嗡嗡"作响，脸上一阵阵发热，后背出汗，那叫一个不好受，真是羞愧难当啊。我可是实实在在地体会到了什么叫无地自容！不到几分钟，我就"哇"的一声大哭起来，不顾一切地跑进了屋，一头扎进了被子堆里，后悔不已地大哭不止，直到哭累了睡了过去。我老爸仍旧没有骂我，也没有打我。经此一罚，"逃学"这两字，从我人生的字典里也就被抽出去了。

去小姑姑家做客

有时候，爸爸带我从东城演乐胡同到北城新街口附近蒋养房胡同的小姑姑家去做客。那会儿没有多余的钱坐电车，我们爷儿俩只能迈开双腿"丈量地球"了。我那会儿只有 7 岁多，走不了很长的路。走在景山后街那条林荫道上，爸爸就让我用数马路牙子条石的方法忘掉疲劳。如果不专心数，抬头看别的街景，或爸爸和我说话，一分神就很容易数不清，只好重数，这样就又多走不少路。实在累了，爸爸就背着我走一段。有时会让他拉着我往前走。因为天热，又很累，人竟会迷迷糊糊，似睡非睡，脚下意识地向前迈步，身子碰在树上或碰在电线杆子上的事都发生过。一碰就会醒过来点儿，接着往前走，也没撞坏过哪儿，很有那么点儿"小车不倒只管拉"的劲头。

路过恭王府的时候，走在高高的宫墙下，墙投下的巨大阴影，就是我们爷儿俩避开北京夏日骄阳的最好的地方。一阵阵的蝉鸣在没有一丝风动的晌午催人欲睡，更增加了几许烦躁。这种时候，爸爸会跟我讲"心静自然凉"这种听似有理的妙论。可对一个 7 岁多的孩子来说，似乎还不大能理解其中的奥妙。我是心既静不下来，身体也凉快不到哪儿去。我汗照出不误，这时爸爸会很"关心"地叫我到太阳底下去"把汗晒干了"。听爸爸这么说，我就想，旧汗晒干了，新汗不是又出来了嘛，什么时候是个头儿呀！我的小脑瓜一转，觉得还是不去晒的好，就没去。我还是挺聪明的，没上爸爸幽默的当。

我记得那会儿的后海沿岸还没有砌砖石头的湖岸边和铁栏杆，湖底的塘泥也还没有疏浚。岸边就是个缓缓的斜坡，湖中水生植物很多，很多水草混杂而生，湖底的泥软稀稀的，水草还容易缠人腿。后海并不太适合游泳，但想游泳的话只有去那里。好在小姑姑家离后海很近，从她家旁边的小胡同向北走 200 来步就能到后海，秉芝叔叔若在家就会带我去洑水。到我 1952 年进了舞蹈团学员班的时候，什刹海、后海已经整修一新，岸边还栽种了笔直、高大的钻天杨。

所谓去小姑姑家"做客",不过是请小姑父帮我们家在手头上吃紧的时候,在财务上周转一下的代名词。我当然不懂这些。能去小姑姑家看望她和小姑父,又能和爸爸一起远足,虽然累,但还是一件令人高兴的事。小姑父那会儿在辅仁大学印刷厂做英文排字工,生活比我们相对稳定些。不到不得已的时候,爸爸也不会去麻烦他们。小姑父每次总是十分慷慨,尽其所能地帮助我们。不过这些事情总是在他们大人之间进行和完成,是不让我知道的。

小淘气包儿

爸爸因为工作忙，在家的时间不多，他和妈妈管教我的方法也很不相同。在生活的小事情上，爸爸不太过问，大事上是非分明。他话不多，也从没有对我大声吼叫过，但他很有权威，我不敢不听。平时都是妈妈管教我，事无巨细，我最不爱听她不停的叮咛嘱托，加上我小时候很淘气，妈妈要为我不停地操心。

枣子熟了的时候，我会跟一帮小伙伴，也可以说是一帮熊孩子去东便门、广渠门一带的城墙上摘酸枣。那是很危险的事，在城墙的半腰或顶上溜边儿的地方长着枣树，尖尖的枣树刺让人抓不好抓，也不好下脚，人要探着大半个身子要猴儿一样才能摘到枣儿。有一种叫"莲子芯儿"的酸枣，肉多核儿小，很好吃。我们有时可以摘半书包，边摘边吃，每次都吃不少，肚子"咕噜噜"叫，不但把肚子弄得难受，还免不了挨妈妈的一顿数落。要不就是偷偷跑到窑坑（今龙潭湖一带）去游泳。窑坑是早年为了烧砖取土留下的大土坑，经逐年积存雨水而成，周围荒草萋萋，芦苇丛生。坑里的水会因为当年雨水多少而深浅不同，坑底的淤泥很厚，其实并不适合游水。可我们不管这些，只要可以疯玩儿就行。救生设备是我们土制的，把浸湿的长裤裤腿口扎上，拿着裤腰在空中抡两圈，往水里一扣，就成了有两个大气泡的救生衣。有一回，玩儿得忘乎所以，游到了深水处，发现裤腿里的空气不多了，浮力大减，人随着裤子一起往下沉。那会儿裤子不但失去了救生功能，还增加了不少下沉的重量。不得了，赶紧一口气来十几次狗刨儿，还呛了些混浊的泥汤，扑腾到浅水处，脚才碰到了坑边的淤泥。好悬，差点儿去见了阎王爷！回到家里妈妈在我手臂上一划，一看到那黄泥汤留下的白印子，就知道又是去游泳了。不可避免又是一顿数落："干嘛非去洑水，你不要命了！"有时候还要挨上两笤秫疙瘩。

有一年过春节，照例买了些小爆竹和"钻天猴"。这两样是最便宜的花炮，再贵的就买不起了。"钻天猴"是一种点着之后满地打转儿，然后又飞起来满天乱窜的烟花，燃放时要很留神。到了放小鞭炮的时候，一个个地放觉得不过瘾，我就向别的大孩子学，把几个爆竹捻儿拧在一起，再盖个洋铁盒子，一放特响，还把铁盒崩得老高。后来我还出坏招儿，带领小伙伴把几个小爆竹弄在一块，插在一堆儿烂污泥里，爆竹一炸就把邻居家的墙弄得很脏。如此讨人厌，人家能不告到老妈那儿去？老妈还能不"赏"我一顿打？妈妈每次打我，都是把手高高地举起，轻轻地落下，因为她舍不得。她往我浑身哪儿都打，我就捂着头，边躲边向她喊叫着央求道："您别打我的脑袋，把我打傻了，赶明儿我怎么挣钱养活您呀！您还是打我屁股吧。"妈妈一听有理，就再也不打我的头了。她舍不得了。当我真的把屁股撅给她打的时候，妈妈被我给逗乐了。

当年崇文门（今东城区）东南一带，铁道附近仍有不少农田、菜园和乱葬岗。我们这帮小伙伴，一年四季都有得玩儿：抓蛐蛐儿、斗蛐蛐儿，有时还能逮到蝈蝈儿，既不用花什么钱又特别好玩。抓这些小虫虫的过程特享受：扒草稞子，翻砖头，顺着叫声去找，可是稍有点儿动静它就不叫了，我们还要保持纹丝不动，耐心地等它再叫。如此一次又一次，人和小虫虫比耐心。最后用铁丝和纱布自制的罩子把小虫虫抓到。抓到一看是三尾儿大扎枪，那二尾儿的早蹦着跑了。如果逮着个"棺材板"，就气得一甩手扔老远。然后从头再来，直到抓住好蛐蛐儿。太开心了！我们也在胡同里滚铁环。冬天在冰面上打出溜滑，或是抽陀螺，还会上树掏鸟蛋，下池塘捡鸭蛋。最讨厌的就是掰老乡的老玉米，偷菜园子里的老洋瓜，被追得落荒而逃。其实只要和种地或是看园子的大叔大爷讲一声"我们渴了"，他们甚至会从井底下捞出冰得倍儿凉的瓜果给我们。我们这些淘气包儿就是招人讨厌。

秋天到了，还有一样好玩儿的。我们从小树的枝干从上往下掰螳螂籽来吃，一嚼流白汁，很像牛奶和肉松的味道。有些忘在抽屉里的螳螂籽，第二年春天就会孵化出上百个小螳螂，在我的床上到处乱爬，张着两个钳子乱夹人。只是它们太幼嫩了，怎么也夹不疼。

我从进了王家直到七八岁，一直都住在东城区演乐胡同坐南朝北的那座大院儿里。我们家一开始住在外面第一进院东北角的一间东房，后来我们搬到第二进院东北角的一间北房住。家里没有什么玩具让我玩儿，一个旧闹钟就成了我拆开来装回去，来回折腾的玩具。我最不敢拆的是油丝和发条，拆下来就可能再也装不回去了，有的也拆不下来，一是没工具，二是也没那么大的劲儿。我喜欢看那些齿轮一个扣着一个互相驱动。拿手指使劲儿扳动一个大轮子，让它快转，带动着别的齿轮，让前面表面上的分针和时针快速旋转，我会看得自己笑出声来。妈妈这会儿就会说："一个人冲着个破钟表，瞎乐什么？"我会笑而不答，照样自得其乐。

我干爹也住在我们院儿，去他那儿玩儿很方便。干爹崔殿宾是个很棒的木匠师傅。我常去看他干活儿，看多了有了兴趣，就想让他教我几手，可多半是干爹叫我看不许我动手。好说歹说，他顶多给我块小木头边角料，让我学着横向锯开，我就学着他的样子一只脚在小木凳上踩住木料，双手握着老式的小型木锯，上来下去地瞎锯一通，虽然什么也锯不成个样儿，可胆子却练大了。有一回，我找到了一个干丝瓜，拿了把家里很薄、很锋利的长片儿刀，仿照着大人把长料改短那样，用刀锯丝瓜。干丝瓜很硬，我锯得很用力，结果丝瓜一滚滑出了手，小刀子就扎扎实实地切到了我的左手除了拇指之外的那四个手指头，几乎切到骨头，血流如注，我痛得放声哭号不止。那天爸爸刚好在家，他给我的伤口上了一些牙粉，还将一只绒线手套戴在我的手上，包上绑带止血。几天后伤口愈合了，手套也几乎和手上的肉长到了一块儿。脱掉手套成了一个难题，把手套剪掉是唯一的可行之道。手套是去掉了，伤口也再次出血和撕裂，处理的过程那可是痛得钻心。自己惹的祸只有自己承担后果，这就叫自作自受。几十年前这一刀留在手上的伤痕至今仍然清晰可见。

坐专用有轨电车逛动物园

东河漕小学的孩子们曾享受过一桩坐有轨电车去逛动物园的美事。为什么说是美事呢？因为我们学校地处北京东南角的崇文区（今东城区），离动物园很远，怎么个去法？校长想出了一个很不寻常的办法——找电车公司租两辆有轨电车载学生们去。学校联系到电车公司给我们开一班专车，对我们这帮小孩子来说，坐专用电车从城东南角到大西北角逛一趟北京，这还不是美事吗？是很有趣的出行方式。

去动物园游玩那天，同学们比平时上学还早地来到了学校，约莫早上 8 点大家集合列队。在老师们的带领下，我们从学校出发步行 20 多分钟，到达崇文门外瓷器口大街的丁字路口，登上为我们准备的两辆电车。老师们安顿好我们，电车就以不紧不慢的速度向着目的地进发了。先向北走过崇文门到东单，往西拐经天安门广场，穿东西三座门到西单牌楼，再北上到西四牌楼至新街口，再转向西行，穿过西直门再往前走约 10 分钟就到达动物园了。一路上有看不尽的商店、行人，车如流水，马如龙，很新鲜。这是我们这些小孩子们第一次一块儿坐电车，是一次不用换车的市内长途出行。大家一路兴奋得很，叽叽喳喳、七嘴八舌说个不停，没觉得经过太长时间，就到了我们的目的地——北京动物园。动物园的前身是清朝农工商部农事试验场，是在原"三贝子花园"和广善寺、惠安寺旧址上所建。1906 年改成动物园，对老百姓开放，当时称为"万牲园"。据说早先园门口还站着两个巨人，个头儿都在两米多高，专门负责收门票，也算是园子的一景吧。到我们去玩的时候，那两个巨人已经不在了。

半天逛下来，园子里的动物给我印象最深的就是猴子。那个猴子笼子里大大小小、老老少少的猴子有一大堆，它们嬉戏玩耍，上蹿下跳，神态各异，有睡懒觉的，有互相抓虱子的，不少猴子在互相争抢游客丢给它们的食物。我们再就是看大象，那灵活的大鼻子也叫人看得入神。那长长的鼻子可以很轻松灵活地把食物送入口中，能卷起草，能拍打身体各处，还能吸水后喷到老远的地方。我老在想，它不会呛着吗？水禽馆里的动物我只分得清楚哪个是鸭子，哪个是鹅——鸭子的脖子短，鹅的脖子长，头上还顶着个大鹅包儿。别的水鸟就分不清了。如果我没记错的话，园子里还有一种动物叫"四不像"，脸长得像马，身子像驴，犄角像鹿，蹄子像牛，名叫麋鹿，听说还挺珍贵。我们去的那天，老虎好像情绪不高，一直趴在那儿睡觉，我们吼叫了老半天，它们也不起来溜达溜达，一点儿也不威风凛凛，令我们很失望。孔雀挺好看，看到穿漂亮衣服的女的就会开屏，还会抖动。那会儿逛动物园之后，我才知道会开屏的是雄孔雀。真是不小的收获啊。

回家的路上一片欢乐，大家刚看了那么多动物都很兴奋，很起劲儿地说笑。两辆专用电车，载着几十个爹妈们的心肝宝贝，把童真的欢乐撒满一路。

唯一一次挨打

1947年我8岁那年夏季的一天，晚饭之后我跟爸爸还有他的好友——那会儿同在东河槽小学做工友的任忠厚叔叔，一起乘了一会儿凉。到了八九点，天已经黑下来了，可是天气仍然很闷热，我就跟爸爸说："这儿太热，我要回家去。"那会儿学校的工友一般都兼职看守校舍，爸爸也不例外，所以他很少回家去住。我则两边住，或在家陪妈妈，或在学校陪伴爸爸。那天他正在洗衣服，他边洗边对我说："天黑了，不好走，明天白天再回去吧。"我偏不听，硬要回家去，并且说着就向外面走。这时任忠厚叔叔这位和蔼文静、面相温和的中年人，一把就把我抱了起来，好言好语地劝我，我却在他身上推推搡搡想要下来。我当然是推不动也下不来，这时不知道我的哪根"浑筋"跳动："你不让我下来，我就打你。"于是不知天高地厚地挥手就打了任叔叔的脸。忠厚叔叔十分尴尬地把我放在了地上，我也被自己这极无理的举动吓着了，一时间不知如何是好，呆立在那儿不动了。一切都像凝固了。一两秒钟过后，说时迟那时快，爸爸怒不可遏地拿起洗衣板，铆足了劲儿，对着我的屁股就是一板子。那可真是疼得厉害，那是钻心的疼，这下子可把我打蒙了。等我醒过劲儿来，便"哇"的一声哭了出来。我知道闯了祸，头也不敢回地冲出了房门，一口气跑回了家。学校离家有20分钟左右的路程，中间还经过一片乱葬岗，我也不管不顾了，壮着胆子连哭带喘地回到了家。这一板子让我记一辈子。如今回想起来真不知我当时怎么那么浑，对任叔叔竟如此大不敬。任叔叔真的对不起您！我错了！

留了一级

小学三年级结束的时候，我的学业成绩是全班丙等第一名。平均成绩65到70分，在及格线上头一点点，稍一不留神就会不及格。我的语文老师对我爸爸说："让德才同学再学一年三年级吧。"爸爸问老师："他成绩怎么样？"老师说："及格是及格了，只是他注音字母的底子不太好。再学一年吧。"

爸爸就同意了。但那些注音字母"玻，坡，摸，佛……"是一年级的基础课，多上一年三年级，有点儿头疼医脚的劲头。可是老师说了，老爸同意了，我也就只有服从了。就因为这一年之差，一切都改变了。不然很可能我就没有机会进舞蹈团学员班，也就进不了舞蹈学校，就不可能见到我的公主醇英了。大概这就是天意吧。

就在上第二个三年级的时候，各班级都规定同学们课后轮流打扫教室卫生。按照老办法，先将桌椅一张张挪到教室后面去，把前面打扫干净；再把所有桌椅挪到前面去，打扫后面；最后要把所有桌椅移回原位。这是很烦人的事，于是我开动脑筋想出一个"好"主意：不是前后移动桌椅，而是尽可能地把它们往高处摞起来，这样腾出地方就可以扫地了。结果摞得太高，那堆桌椅重心不稳倒了下来，摔坏了好几张桌椅。大伙儿都吓坏了。我故作镇静地说："不要紧，我明天跟校长说吧。"

第二天可热闹了，林校长亲自来我们班查问此事。主意是我出的，不能连累一块儿值日的同学，我就主动站了起来承担责任。林校长没多说什么，他想杀一儆百。当时已经60岁开外的老校长，个头儿矮矮的，身材有点儿发福，配上他圆圆的已经谢顶的头型，戴一副金丝边眼镜，看上去十分和蔼可亲。平时他话不多，对同学们总是面带笑容，学生和家长都很喜欢他。那天他却一反常态，表情十分凝重，厉声道："王德才，你认罚还是认打？"我当然不想挨打，低声地问了一句："要是罚呢？"林校长只吐出三个字："开除你。"校长这样的回答完全在我的预料之外，真的吓我一大跳。我心想，怎么能被开除呢。别无选择，我对校长说："那我认打。"校长像是对我，又像是对同学们说："要打 20 板子。""刑具"是一条椅子的扁长横梁，有二三寸宽、一尺多长，板条的两头各有一个螺丝钉的洞眼儿，看来是个代用品。我想还是让校长打左手吧，不然右手挨打肿起来怎么握笔写字呀。于是，林校长就亲自"动刑"了。当着全班同学的面儿，我站到了讲台边上，伸出了左手。校长用他的左手握住我的四个指头，向下折曲了一些，亮出了我的手心。只见他高高地举起那把"戒尺"，狠狠地打了下去。这第一板子是最疼的，被打红的手心上还有一个白色的螺丝钉洞眼儿弄成的圆包儿。前四五板子他打得很用力，挨过了这几板子，手已经被打得痛麻了，校长打得反倒不那么重了。大概第一是他年龄大了，体力不同于年轻人，又是个学者型的文化人，和干力气活儿的人臂力也不同；第二是想叫我挨打，但又不想让我太痛苦，所以打时先重后轻。这或许也是看在我爸爸每天都给他做饭的面子上吧？当然这都是我的推测而已。

大约在 1950 年或 1951 年的夏秋季，我的班主任老师觉得一个班里有两个学生名字发音一样很不方便。因为我叫王德才，一个同学叫王得才，老师叫一个人，两人都回应。于是，老师就跟我爸爸说："给你儿子改个名字吧，可免去班里不少麻烦。"我老爸同意了，还特别请教了一位老学究，帮我写了四五个名字，什么王宏达、王建业、王秀峰、王继祖，还有王庚尧。老爸叫我自己选。我看王庚尧三个字很整齐好看，叫起来也挺响亮的，就选了王庚尧这个名字。于是我就有了我后几十年都在用的名字王庚尧。

大姑姑

我的大姑姑不像小姑姑那么和蔼可亲，比较严厉。小的时候我有点儿怕她，长大之后，我们倒是很谈得来。生活是可以改变人的。大姑姑那会儿生活得舒适、富裕。我的第一位大姑父比较富有，我老爸家则拘紧得多。我是抱来的，她总是对我有点儿另眼看待，而我那会儿不明白为什么。

1947年夏季的一天，我大姑姑好像特别开心，她来到我们在崇文区（今东城区）的家，说要带我去逛天桥。这几乎对每个北京小孩儿都是求之不得的好玩儿的事，我当然也不例外。天桥有许多好玩、好看的：变戏法、说相声、耍大刀、开硬弓、拉洋片、玩杠子，还有戏棚和演出二三轮影片的电影院。后来印度影片《流浪者》、法国影片《郁金香芳芳》，我都是在那儿看了好几遍。插上一句：法国大明星杰拉·菲利普，演《郁金香芳芳》那个男主角，还到我们舞蹈学校参观访问过，大伙儿都目睹了他的翩翩风采。再说天桥那儿卖东西的：布头儿、绒花儿、日用杂货……那摊位一个挨一个，叫人眼花缭乱。各种小吃也是应有尽有，并且物美价廉。老北京人特爱喝的豆汁，就着芝麻烧饼夹焦圈儿，再配上辣椒油、咸菜丝，走累了渴了来一碗，真是又解渴又解饿，太棒了！天桥这个地方真可称得上"平民夜总会""老百姓的俱乐部"，有吃有玩儿。

大姑姑带我过了令人难忘的一天，暮色中，我随着大姑姑依依不舍地离开了天桥。没想到回家途中发生了一件惊心动魄的事情：我们乘坐的电车从天桥往北行将要到大栅栏的时候，突然电车的地板下面起了火。是因为电动机过热着火烧了起来，烧着了电车的地板，浓烟夹着火苗蹿了上来。我哪见过这种阵势，可把我吓得够呛。这时大姑姑紧紧地搂住我，不住地说："小儿，别怕，别怕，有大姑哪！别怕啊！"我也紧紧地抱着大姑姑，努力不让自己哭出声来。电车上的售票员是一个中年人，他似乎对此见怪不怪了，一把掀起那块盖在车轴上的盖板，大喊一声"外边的留神！"就挥手从窗口扔到了马路上。电车也很快停了下来，在断电之后不一会儿，火苗就被扑灭了。售票员双脚叉开，站在二尺见方的洞口上，以防乘客掉下去，大伙儿也都尽可能地远离那个起火点。大姑姑带着我迅速地随着大家下了车。这时车子慢慢启动，向南边天桥的方向开走了。电车着火后竟然还能开，真是不可思议！站在前门大街的马路上，我已经吓得两腿发软，半天还没缓过劲儿来。童年这次天桥之行，最后以惊魂告终，好在有惊无险。

我和老爸老妈的家

说起东半壁街 11 号，那是个十分普通的三合院式的小院子。东西厢房都很狭小，横宽 12 尺许，进深只有 6 到 7 尺。我们家在那里租了一间房，是西房。靠西墙边，只能放得下一溜两张三屉桌和一张正对着门的八仙桌，再加上八仙桌两边各一张武凳，就到南墙了；靠南墙搁一个放粮食的方形小木柜、一个火炉子和一口小水缸，就满满当当了。一侧靠着三屉桌，另一侧靠在东边外墙的窗下，这就是我们三口人的木板床。两个木制的衣箱只好放在靠西墙的三屉桌之上。这就是我童年的家——一个 11 平方米的家。跟高家的三层楼的花园洋房相比，可能比他们家的阳台还要小点儿，但我小时候生活在那儿自得其乐。一是没见过大房子长什么样，没有比较；二是我们一家三口生活和美、其乐融融，我也就没想过房子大小这回事。三合院也很热闹：北房三间，较为开阔些，原来是房东的住房，那会儿租给了谢大爷一家住。他们有一个女儿大我几岁，男孩和我同岁。东屋是马大叔一家三口，那男孩小我几岁，后来马大婶生了几个弟弟妹妹。东南角的一间小屋住着石大爷、石大妈和石家姐姐三口人。院儿里的两位姐姐 1947、1948 年时已经是初中生了。到了夏天，家里实在太闷太热，有时候她们会去胡同东口外一片农田间的一个天然池塘的边坡上席地而坐，在浓浓的树荫下做功课。有时我也会跟她们一起去我们的"鸭子湖"，在湖边玩耍。有几只鸭子时常会在池塘里游来游去，一点儿也不怕人。偶尔，我们会在池塘边的草丛里拣到鸭蛋，拿回家去还能解解馋。

在东半壁街生活的 6 年，也就是从 1946 到 1952 年我考进舞蹈团这段时间，我们的国家经历了天翻地覆的变化。在这沧桑巨变的风云里，每个人、每个家庭都或多或少地被卷进时代的大潮之中。最开始的两三年，爸爸在东河槽小学做工友，兼为校长和老师们做午饭的厨师。就靠那一点点儿微薄的薪水养家糊口越来越不易：物价在不停地飞涨，工资不是不涨，就是涨幅远远追不上物价的涨幅，唯一的办法就是节衣缩食。衣服当然是能不做新的尽量不做新的，吃食就只有买当季最多、最便宜的东西来果腹。到了夏天小葱便宜的时候，爸爸就买上许多储存起来。每次都来一小把，加上一点儿虾米皮一炒，就着小米饭，偶尔是二米（大米、小米一起）饭来吃。要是吃个一两顿还成，天天吃、顿顿吃，尤其是吃隔了一顿的剩菜，就很不是味道了，那股糊碴子味儿真不易入口。在没有选择余地的时候，只好日复一日，一顿又一顿地吃下去。结果吃"伤"了，至今几十年了，都不想再吃。

到了1948年下半年，北京的局势越来越紧张。东单体育场改成了军用飞机场，大批的部队人员进驻城里。我们11号院儿住进了一位连长之类的军官，带着太太和一个勤务兵。大战在即的气氛越来越浓。就在这个时候，爸爸和许多街坊被拉夫，派到南城外头去挖战壕。在天寒地冻的腊月天，地冻三尺，挖战壕有多艰难可想而知。在他们离家10天左右时，街坊间就有传闻说，去挖战壕的人有的碰上了地雷炸死了。这类消息不胫而走，弄得家家提心吊胆，但又无计可施，只有等待和盼望。又过了几天，老爸总算回来了。他带着一身的疲惫、一脸的胡碴回到了家中。我从没见过爸爸那么胡子拉碴的样子，跟过去每天脸刮得干干净净的时候简直判若两人。打那之后，城外的解放军就不时地向城内打炮，有不少是宣传弹，实弹都是向东单机场一类的军事目标打击，很少伤及老百姓。但是街坊们还是很害怕，不知道战局如何发展，真的打起来连个躲的地方都找不到。

正在大家不知如何是好的时候，1949年1月31日，一夜之间突然部队全部撤走了。解放军未发一枪一弹，开进了北京城，他们一点儿也没有打扰老百姓。年关将近，腊月的北京天气十分寒冷，但是解放军战士们仍然露宿街头。我记得白天他们有时会在街道的小空场上或两幢房子拐角的墙上，贴上一张张小小的靶纸，把枪架在支架上练习瞄准。小孩子们就围着他们看，战士们也笑嘻嘻地和孩子们打招呼、聊天，很亲切。1949年2月3日，农历正月初六，解放军举行了声势浩大的入城仪式，部队算是正式开进了古都北京。

高家欧美之行

在第二次世界大战结束转过年的 1946 年，我的公主已经 6 岁了。他们一家四口——她、父母和她的大妹妹一起，在英国军事办事处的帮助下买到了机票，飞到印度的加尔各答。在那儿等候了一个月后，才乘飞机前往英国，为公司采购一整个纺织厂所需的毛纺机，并探望在那里的亲人——醇英的外婆、二姨妈和四姨妈、四姨父等。二姨父于 1942 年 11 月 1 日，因日寇轰炸英国军舰在香港捐躯了。

在英国，人与人的关系是随和友好、融洽的。在高妈妈的故乡里兹市，离她家不远的街口有一个卖蔬菜、鸡蛋的小铺子，老板娘是一个中年妇女。高妈妈为了培养女儿的独立性，会在小篮子里放些钱，并把要买的东西写一张纸条也放在小篮子里，交给醇英叫她去买菜。高妈妈会站在大门外，一直望着她走在人行道上蹦蹦跳跳地向那小店而去。老板娘非常喜欢这个漂亮可爱的小姑娘。每当她听见小姑娘的皮鞋踏着人行道的砖面发出"咯噔咯噔"的响声，看着她由远而近的身影，老板娘都特别高兴。很快地，她便和醇英一家人成了朋友。

在醇英他们离英返回上海后的许多年里，每逢过年过节他们还都会和这位热情的老板娘互致问候和祝福。当十余年后醇英进入专业舞校并担任了剧团的主要演员时，高妈妈曾给老板娘寄去醇英《唐·吉诃德》的剧照。老板娘在高兴之余，还将剧照寄给了英国芭蕾舞大师玛歌·芳婷。没想到这位举世闻名的芭蕾舞大师马上就给这位素不相识的普通人写了回信，并附上了自己亲笔签名的剧照，并请老板娘转寄给未

高醇英、高醇莉和母亲在印度加尔各答

曾谋面的小同行——中国年轻的"天鹅公主"高醇英。玛歌·芳婷的剧照醇英一直保存至今。只是由于当时的历史条件，在与外国人接触或联系上有诸多禁忌，醇英不可能，也不敢和她直接联系，错过了与大师相见切磋的机会。

1946年的秋季，从英国返回上海的途中，醇英及家人一行乘船经两周的航行先到达了加拿大的蒙特利尔，再乘火车去纽约。高家爸爸在那里又花了数月的时间购买了与纺织机配套的小型马达，还买了一辆"别克"小轿车以及一批家具，都运往了上海。

英国芭蕾舞大师玛歌·芳婷寄送给高醇英的签名剧照

在纽约他们住在长岛海边的一幢楼房。楼房的一楼，住着当年美国著名的儿童音乐作曲家亨利·瓦尔斯（Henry Wilds）先生，高家四口住在二楼。瓦尔斯先生有一架三角钢琴，这架钢琴给幼年的醇英留下深刻的印象。乳白色的琴身镶着金色的窄边，各种颜色的小花一朵朵布满在琴的四周。这台琴的造型和图案与琴的主人儿童音乐作曲家的身份是如此贴切、协调。老音乐家十分喜欢这个美丽聪慧的小姑娘。醇英他们回去之后，一次她过生日的时候，还收到了瓦尔斯先生亲笔签名的乐谱和贺卡。醇英珍藏至今。

1947年2月，醇英他们一家从美国西海岸乘邮轮返上海，在海上航行一个多月，中途停靠夏威夷数日。这个美丽的太平洋岛屿，留给小公主最深的印象是似火的骄阳，小公主穿着妈妈在那里给她买的胶底凉鞋，走在柏油路上都觉得烫脚。再美的青山绿水、椰林鲜花，都因为滚烫的路面减去了不少光彩。

航行途中，醇英和醇莉过7岁和2岁的生日，她们姐妹俩出生相隔5年，同月同日生。高家爸爸妈妈邀请了同船的许多小朋友，为她们举

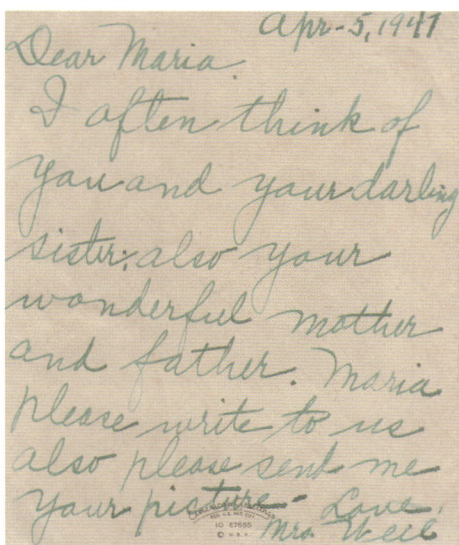

Missing You *Dear Maria* On Easter

THE BIRDIES SING...

THE FWOWERS BWOOM...

THE SUN IS BWIGHT,
I KNOW...

Apr-5, 1947

Dear Maria,
I often think of you and your darling sister, also your wonderful mother and father. Maria please write to us also please sent me your picture. Love Mrs. Weil

1 1946 年，高醇英与母亲、妹妹在纽约
2 美国著名儿童音乐作曲家亨利·瓦尔斯先生送给高醇英的复活节贺卡

行了盛大的生日庆祝会。在浩瀚的大海上过生日也不是常有的事。航行中还举行了救险演习，小公主和妹妹也不例外，都参加了。她们穿上成人用的救生衣，下摆几乎盖到小腿和脚面，好像两只小企鹅，很可爱，又很滑稽。本次航行中，还真的遇到一次大风大浪，几乎所有的人都躺在床铺上，不少人吐得够呛，但是远没有到要穿救生衣的情况。邮轮平安到达上海。

醇英一家住进了江苏路237弄17号的英国式花园洋房，家里有"别克"和"奥斯汀"两辆汽车，雇有司机和好几个佣人。

1948年春，当醇英的外祖母从英国到上海来的时候，宋庆龄伯母在靖江路寓所设宴款待她和高家爸爸妈妈、醇英和她的大妹妹醇莉。高家爸爸为此次见面拍下了有历史意义的照片。

1 2
3

1　1946年9月，高醇英在从英国去加拿大的船上
2　1947年2月17日，高醇英、高醇莉在从三藩市去上海的船上过生日
3　1947年，高醇英、高醇莉在从夏威夷去上海的船上参加救险演习

1948 年，宋庆龄与高醇英及母亲在上海宋庆龄寓所花园里合影

1 1948 年，宋庆龄与高醇英及母亲、外祖母、妹妹高醇莉在上海宋庆龄寓所合影

2 高醇英从小生活的位于上海市江苏路 237 弄 17 号的花园洋房

3 1948 年夏，高醇英外婆和三位叔叔在家中花园合影

在去英国探亲的时候，醇英开始了芭蕾舞的最初训练，从此步入了芭蕾舞艺术殿堂漫长而艰辛的旅程。这趟旅程的起点就是高妈妈的故乡、高爸爸留洋深造的大学所在地——英国利兹市。

那里的老师特别为6岁的小公主编排了一个洋娃娃的独舞。娃娃从一个大礼盒之中走出来，翩翩起舞，就像舞剧《葛蓓莉娅》中的机械娃娃舞，当然没有足尖动作。舞姿和音乐的配合是严格的，一举手一投足都要合节合拍。舞蹈的最后安排小姑娘又回到了那个大大的礼盒之中，非常可爱、精致。过了些日子，有几个监考老师坐在古老的高靠背椅子上，隔着长长的桌子审看她的独舞表演。表演结束后小公主得到一张有着美丽图样和金边的第一级成绩证书。这个证书，她一直挂在自己睡房床旁的墙上，抬眼就能见到。遗憾的是在"文革"时证书被抄走了。

醇英在英国学习舞蹈的同时，还在高妈妈年轻时学钢琴的音乐学校里开始学钢琴。她持续学习了许多年，直到她进入北京舞蹈学校因课程紧张无法分身，这才停止了钢琴的练习。那会儿她已经达到了可以弹奏肖邦奏鸣曲之类高难度乐曲的程度。她的钢琴老师曾很直率地对她说："你琴弹得这么好，而且达到了这么深的程度，很有音乐天赋，将来一定能够成为很好的钢琴演奏家。那个跳舞就是踢踢腿，没什么意思，你不弹钢琴真是太可惜了。"得到老师的夸奖当然高兴，但是她没有忘乎所以。醇英深知自己的长短，她个子小，手不够大，比较难弹肖邦、李斯特的名曲，不太可能成为钢琴家。因此她并未打算以弹钢琴为业，只是她很喜欢音乐，喜欢弹钢琴。其实弹钢琴也增加了她的艺术修养，对她更好地掌握舞蹈音乐很有帮助。会弹钢琴、精通音乐，让她在芭蕾舞表演中达到比别人更高的境界，更优美，也更感染人，音乐是舞蹈的灵魂！

高家从香港回到上海

1949 年的三四月，上海的时局日趋紧张。据高家爸爸讲，当时有人借口修建防御工事，要炸毁刚刚建成不久的民治纺织厂厂房，后经一番疏通才保住了工厂。之后不久，又有两位军官向他提出想进他的工厂工作，而他根本无法满足这些要求。在这种复杂的局势下，高家爸爸出于对自身和家人的安全考量，决定举家避居香港。于是他和高家妈妈带着醇英、醇莉和不到两岁的醇芳，乘最后一班飞往香港的飞机离开了上海。在香港一年多的时间里，醇英就读小学三到四年级，也继续学芭蕾舞。她在那里有个同学，就是后来的影星关南施。醇英第一次演出的节目是《溜冰圆舞曲》。学校裁缝给她做了 tutu 舞裙，天蓝色的布料上了浆，盖上一层薄纱，周围缝上了一圈粉红绸带。小小的醇英穿上非常漂亮可爱。

1950 年，宋庆龄伯母写信给高家爸爸妈妈，欢迎他们回内地参加新中国的建设。他们欣然接受了宋伯母的邀请，举家迁回了上海。当时

1950 年，高醇英与母亲、妹妹高醇芳，十一、十六、十七叔在香港

高家爸爸的工厂跟其他工厂一样，都被军管了。军管代表在厂内院里召开员工大会，欢迎他回到上海。

有一件很有趣的事情：在高家爸爸从香港返回上海的路上，经过杭州，他趁停车的工夫到站台上走走看看，想买点当地的土产美食。不知是他太专心忘记了时间，还是什么别的原因，当他想起要返回火车上去的时候，火车已经开始向前行驶了。他一边挥手奔跑，一边喊道："我还没有上车啊……"这时站台上的调度员赶紧吹哨，并挥动手中的小红旗，硬是把火车给喊停住了。这时候，一身笔挺西装、足蹬锃亮皮鞋的高家爸爸，在乘务员的帮助下，不慌不忙地重新登上了为他而叫停的列车。他大概也没想到自己真能把启动的火车叫停了，太逗了。

高醇英父亲在上海建造的民治毛纺厂

高醇英父亲在自家工厂公园太湖石前

王家的艰难生计

1949年10月1日那天，离我10周岁生日还有20天。对一个不到10周岁的孩子来说，开国大典具有怎样深刻的现实意义和历史意义，还不可能特别理解。那天我和同院谢家的小伙伴，去宣武区（今西城区）他的亲戚家做客。听说当天在天安门前有集会和庆祝活动，返程我们特别绕道去了前门，走进了天安门南面千步廊的广场。我们见到成千上万的人提着五角形的红灯笼在欢庆，有许多人在广场里扭秧歌，这对我们来说是如此新鲜，心里有说不出的兴奋和快乐。广场上成千上万盏灯笼，像天上的星星在苍穹里闪动，又像无数的巨龙在翻腾。这千载难逢的时刻，我能亲临其境，当时觉得好高兴。广场上充满着喜悦的大秧歌，歌声激越。这个历史变迁的时刻，给我留下终生难忘的记忆，虽然这只是一个孩子童年的记忆。

1950年，老爸拜把子的大哥张义兴伯伯，叫我老爸去他的建兴营造厂帮管账，为此老爸还进夜校进修了簿记的课程。不知道是张义兴伯伯经营得不善，还是市面上情形不好，厂子的生意似乎不是很好，资金周转也不顺畅。爸爸有时候不能按时把工资交给妈妈，我们娘儿俩的日子过得很紧张。为了去爸爸厂里拿点儿钱好买粮食下锅，我从崇文区（今东城区）东南角靠北京体育馆附近的家，徒步走到东四附近的厂里，单程就有5公里左右。那会儿我只有11岁，对我来说那可是一段不短的行程。好在一路上有不少商店、街景和人群可以看看，不像走在郊野上空无一人那么无聊。无论如何，这个往返要几个小时的行程，确确实实让我对生活的艰难也有了些亲身的体验。

我老妈也不得不外出做些零活儿来贴补日常家用的开销。我们东半壁街路南的一个大院里开着一家酱园，到了春末夏初天气开始转热的时候，酱缸里的咸菜疙瘩要切成片或丝，而后加工装篓或装瓶出售。这时酱园就会雇一些家庭妇女做临时工来切菜，以一桶或一篓来计算工钱。下午我放学回到家，如有功课就先做功课；若没有功课，我就会去酱园里帮妈妈干一两个钟头的活儿。所以很小我就学会了切菜。我一边干活儿一边和妈妈聊天，或听大婶大妈们张家长李家短、三个蛤蟆五只眼，各方瞎聊闲扯，虽然听得不全明白，觉得倒也挺有趣的。

秋冬季，有时候妈妈会拿到缝皮子的活儿。一般是羊皮或是兔子皮比较多。毛皮多是三四寸见方或长方块，也有不太规格的，要用剪子把它们剪整齐，尺寸最大的也很少有超过半尺见方的。首先要找顺毛的方向和纹理，毛面对毛面，用中号偏小号的缝衣针将毛面理顺，把两片皮子的板面用浅色丝线缝起来，针脚要松紧有度，既不可过松，让那两张皮子间出现空隙；又不可以过紧，使皮面子起皱。缝成二三尺见方或长方形的一整块为一件。我因为开始不习惯戴顶针，遇到较厚实的皮板，有时因为太用力会让针尾倒扎进中指指肚，还是挺痛的。学会了用顶针，我的手指头少受了很多罪。也不知道哪位买得起皮袄或皮背心的先生或是女士，穿的是我这个十一二岁的男孩缝的合格的毛皮制品，这多有意思呀！

还有一个要很有耐心的零活儿，我也帮妈妈干过。妈妈领回来一大包乱成一团的各种颜色的线团，不可以扯断线，要抽丝剥茧，一点点地把结扣打开，先将抽出的线缠在一个线轴上，再用纺车把线绕成一桄一桄的，最后一起称分量。解线扣是个很烦人的活儿，指甲解不开、抠不开的结就要用针挑，扣子打开了，只要一不留神拉错一根线，就可能把线扣又拉紧了，就要重新来过。这可是个很培养人耐心的工作，因为你越着急就越弄不好，越容易结疙瘩。用纺车时，如果摇车速度太快，左手握线，稍有不慎就会被快速通过的线丝割伤，甚至鲜血直流；线拉得不紧，又不能绕出一桄桄松紧适度合格的成品来。这算是个技术活儿。做上面说的这些活儿，会让人很有成就感，眼看着一件件成品做出来了，心里还是挺高兴的。

我还跟妈妈学过纳鞋底的活儿：用旧布头儿刷糨子、打袼褙，裁成鞋底样之后，每片儿包上滚边儿，再纳成鞋底。我只会把鞋底夹在夹板上，能腾出两只手来干活儿的那种做法，还不会一手拿着鞋底，一手扎锥子纳的那种方法。一是手还不够大，二是力气也不够大。开始只是出于好玩儿，求妈妈让我也纳上一两针；后来经过我私底下练习，手法好了一些的时候，妈妈也就同意我帮她纳一些了。这是家里人自己穿的，是个又累又要技术的活儿，反正我也不会纳太多，妈妈常常察看着点儿，也就没什么大问题了。后来我还向妈妈学会用麻坯子搓麻绳。搓得松紧度和续上的麻坯子多少都很重要：搓得太紧，麻绳不光滑，一棱一棱的；续多了，麻绳会变粗，太少会变细，都不合格。这也真是个技术活儿。

　　生活再艰难日子总还是得过。到了夏天，老北京的街坊们大都是吃了晚饭后，会到院子里或是胡同里乘凉。因为那会儿既没有空调也没有电风扇，一般人家也买不起电扇。唯一的消暑工具就是一把芭蕉扇，再加上一条蘸了凉水的毛巾，往脖子上一围，随时可以拿来擦擦脸、抹把汗，很实用。这时候，人们左一堆右一堆，下棋的、玩扑克牌的，加上围观的，这是大人们的一拨儿；另一拨儿是孩子们围着个大人听讲故事。听故事是孩子们一天里最老实、安静和听话的时候。故事的内容五花八门，什么都有，其中以武侠和神鬼的故事最吸引人。听到恐怖之处，叫人"汗毛都立正"，越听越害怕，越害怕越想听。有尿的时候最痛苦，根本不敢一个人去厕所，只好憋着。天晚了妈妈叫我回屋去睡觉，这可是对我很大的考验，我根本不敢一个人进屋睡。于是先是推说不困，不回屋，想再撑一会儿，再多听一会儿。实在被妈妈催得没辙了，我才回到屋里，觉得到处都有刚才故事里的鬼怪，它们就藏在屋子的阴暗角落里，拿两眼正看着我。我只好用被子把自个儿从头到脚蒙起来，被窝哪里漏一点儿缝，我都会觉得鬼怪会从缝儿里爬进来。当妈妈进屋来睡觉时，我已经捂出了一身汗。妈妈十分不解地问我："你神经病呀！这么热的天儿，你捂个大被窝，不怕捂出病来呀！"她哪里知道，我是听鬼故事吓的。

教我们音乐、体育的李老师

现在说说我们的音乐老师和上音乐课的故事。1950 到 1952 年，李老师在我们东河槽小学教音乐，他教我们唱歌很有办法，只要大家把歌儿学好，余下的时间就会给我们讲故事。为此我们都学得很认真，都想快快地学会唱歌后好听故事。有些课他讲的是美国西部牛仔大盗《杰西和弗兰克的故事》。那离奇的情节、劫富济贫的义举、警察和大盗的枪战，让我们听得津津有味，心里盼着最好不下课。这堂课刚结束，就盼着下一次的音乐课了。

李老师也教我们体育。他教我们打垒球，我在垒球队的位置是场内游击。他还教我们垫上运动，比如：前滚翻、后滚翻、叠打起、前手翻、侧手翻。只有后手翻，因为保护设施和人手不足太危险而没敢叫我们学。李老师后来还教我们鱼跃前滚翻。他在垫子前面横一根竹竿，随着我们跳得越来越高，这根横竿也在不断升高。我们几个特别喜欢做垫上运动的男孩儿，就比着看谁跳得高。虽然每次跳过去都会很用心地双手着地，埋头，用肩背滚动，可是仍会摔得后背和屁股生疼，就算这样，我们还是乐此不疲。

别出心裁，进退两难

大约在 1951 年的夏季，我们东半壁街一带也开始铺自来水管子了。过去没有自来水的时候，在一定的住家范围内会有一口水井，那是专门卖水的地方。在一个大屋子里，有压水机把井水抽到几个大水槽里，供送水的人来上水。他们推着独轮或双轮的水车和一个水桶，挨家挨户地送水。每送一挑就在这家墙上用滑石划一竖道，划到五六道就成了一朵菊花似的图案。到结账的时候在"花朵"上划一个横道，表示买卖两清。遇到下雨天要加点儿"酒钱"，也就是另给点儿小费。这些井水在各家水缸里时间一长，总是不大卫生，尤其是夏天。自来水当然要好得多。

开始施工后，工人们在街道上开一段明沟，再挖一段约 5 米长的暗洞，能把水管子放下去，再把它们一段段地接起来。施工时不太影响居民进出家门，孩子们拿挖的明沟当"战壕"用，互相打土仗，玩儿得不亦乐乎，我自然是其中一员。

某天不知搭错了哪根筋，我想从暗洞里钻过去。想想也就算了，我这个傻瓜却真的就去钻了。哪知道那暗洞挖得都是两边宽大、中间窄，只是个仅限水管子通过的小洞。我这一钻不要紧，刚刚钻到中间，就被四面的湿土给卡着了。想往前拱和往后退，都没有身体上下或左右扭动的余地。此时暗洞里若有任何土方松动和跌落，我就在那里边儿不用出来了。小伙伴们越是喊叫我越着急，更怕他们在上面走动跑跳引起塌方。足足有几分钟进退不得，那会儿我的心跳一定达到了一分钟 100 次以上。光心跳加快没用，总得干点儿什么。一股求生的欲望逼得我使出了吃奶的劲儿，再加上因为紧张出了一身汗弄湿了衣服，这反倒起了润滑作用，就这么几经挣扎，才把胯骨挪移过了最窄的地方。我钻过去了，拱出了暗洞到了明沟里，瘫坐在地上，浑身好一阵子发抖。大伙儿纷纷问话："好爬吗？""里头窄，不好爬吧！""你怎么那么长时间才出来？"我一句也没能回答，只会喘粗气和出虚汗了。什么叫进退两难，我算是有了亲身体会，而且会记上一辈子，绝不想再有第二次！

小学五六年级的时候，我是学校垒球队的一员，在场上的位置是场内游击。对方球员如果把球打到一、二、三垒够不到的地方，只要在场内就是我的差事。我们学校的操场没有多大，只要打巧了，角度偏高，垒球就会飞到墙外头去。好在北面、西面都邻街，跑出后门就能把球捡回来。本垒在操场东南角，接球手身后就是女厕所入口，并排往正南就是男厕所。如果打偏或本垒没接好球，那个球就有可能冲进厕所，更不妙的是再掉进蹲坑里边去。那就是名副其实的"臭球"了。还得好好地伺候它，要把它冲洗干净，再在阳光下晒干，它才能"重新上岗"。我们的教练就是教我们体育和音乐的老师，给我们讲美国西部牛仔大侠故事的李老师。我们都特喜欢他。

　　小时候和许多爱玩、爱折腾的男孩儿一样，我也喜欢游泳。游泳让人有一种自由自在、无拘无束的感觉，关键能避暑，并且强身健体。当年北京没有几处公共游泳池，北城属什刹海最有名，南城属陶然亭最有名。想游泳的人很多，办张游泳证还挺不容易的。因为光是检查身体这一关就不好过。说是办游泳证，不知道的还以为是在挑选空军飞行员呢。先查身高、体重、视力及有没有色盲和沙眼，鼻子、耳朵有没有疾病，再查身体有没有残疾。甚至还要我们这些来检查的男孩子们还要脱光了衣服，让医生一个个地检查"要害部位"。当时就觉得很别扭，到今天我也不明白为了游泳为什么要像做婚前检查一样，太过分了。

历史的误会

我之所以会学舞蹈并以此为业，当上了国家剧院的主要演员，其实是命运跟我开了一个很善意的玩笑：先让我考不上中学，让我急一下子；再让我考不上音乐学院附中，然后把我引到歌舞剧院来，叫我考舞蹈团，为我敞开了进入舞蹈世界的大门。这也是在我人生的道路上一个历史性的，美丽而又意义非凡的"误会"。

那是 1952 年的夏天，我以前所未有的好成绩——甲等第六名毕业于崇文区（今东城区）东河槽小学。我们班有 40 多个同学，我算是前八分之一了。七月的北京天气很热，可是对于成千上万的中学入学联考生来说，心里更热。因为这次联考是跨区入学，将以考试成绩的好坏来分配学生所填写的入学志愿学校。我填写了四个分别设于内城和外城的中学。考试那天，我被分配在东城区育英中学的考场。那天我信心十足地进了考场，并且用挺快的速度完成了语文、算术两科的考试。出场后还和同学们互相交谈，比对了算术考题的答案。我考得不错，高高兴兴地回了家，等待着发榜时刻的到来。到了发榜的日子，全部考生录取者的名单，以多个整版在《北京日报》上刊出。我满怀信心地先从我所填写的第一志愿的学校看起，没有！再看第二志愿，又没有我的名字，这会儿我整个人要开始冒汗了！再看第三、第四志愿，看了一遍又一遍，仍没有我的名字。这可不妙了！我仍不死心，再查看我填写志愿之外的所有学校，也不见我的名字。我没考上中学！我就不明白了，班里比我毕业成绩差的同学都榜上有名，我们班没考上中学的就我一个人。后来回想，当时倍儿自信，都有点儿忘乎所以的我，竟忘了在考卷上填写自己的尊姓大名。如果有一科没签名，那就是只考了一半，是不及格，因为只考了一半；要是两科都没签名，就是考了个零蛋，怎么可能被录取？这样的结果，是我怎么也没想到的，我差点儿背过气去。倒是我老爸想得很开，他说："没关系，明年再考，你会考上的。"没有责备，只有安慰和鼓励，这就是我的好老爸。这反倒叫我懊恼和自责。我想，我不能就这么在家吃白饭过一年，总得想点什么办法才行。

约莫过了一个月，听街坊说中央音乐学院附中在招生，如果考上了还管吃住。虽然家里再紧也不会少了我的吃用，但要是有管饭的地方，总还是可以给家里减轻负担，是件好事。我完全不知道考音乐学院附中有多难；就是能考上，入学之后学习有多难，我也不知道。也许正是出于这种无知者无畏的冲动，我去报了名。我的全部音乐知识，只局限于老师教我们唱歌和识简谱的程度。而许多和我一起来考附中的考生里，已有不少人把"汤普森"都弹得很有水平了。他们已经是满肚子的"豆芽菜"——五线谱上的音符的谐称。我可是连钢琴是什么样子也没见过。我只见过我们学校里的一台风琴，听到过它的声音。考试开始了。先考听音，录音机里播出钢琴的音节高低、和弦等，听得我一头雾水，一个头两个大。我只能在试卷上拿笔往上往下表示高低，乱划一通。在考试唱时，我则扯着大喇叭嗓子大约吼了一个半八度的音节，考试官都快让我给吓着了。就这么晕晕乎乎地，我离开了考场。发榜的时候一看，初试都没有录取。这回我可是写了名字，是人家不要我。我也不知道哪儿来的胆子，找到那里的老师，怀着一种半侥幸、半不甘心的心情对她说："我很喜欢音乐，还有别的机会让我学音乐吗？"她好心地告诉我："一两个礼拜后，中央戏剧学院附属歌舞剧院的管弦乐团学员班要招生，你可以去考一下试试。"

我如期去了后海附近的大翔凤胡同20号的招生现场。很奇怪，那天我没有见到其他来考试的人，只有黄老师一个人主考，照旧是试唱练耳一类的。我越是想唱好，越努力地唱，就越唱不好。可能是黄老师看出我在音乐方面造就成专才的可能性偏低，又看我的身材还行，不胖不瘦，还愣头愣脑的，有点儿精神头儿，就对我说："我们剧院的舞蹈团也在招收学员，你有没有兴趣来考试？"当然去，因为我还得知舞蹈团的学员班也管吃住。

那会儿不知道什么是古典舞，什么是芭蕾舞，我见过的只有集体舞，"扫叨叨叨，系拉扫"之类的。管他呢，跳舞就跳舞，学什么都是学，而且还管饭。我向黄老师问清了考试的时间，就同意去考舞蹈了。这一步在我人生的道路上起了巨大的转折作用。我并没有想那么多，只想要有事情做，能学东西就好，不想在家空耗一年，仅此而已。

考试那天的情形，我至今还记得很清楚。考场设在舞蹈团的大教室，进门迎面的一排桌子后面，坐着团里的领导和我日后的恩师们——侯永奎、白玉珍、李鸿文、马祥麟诸位老师，助考老师是团里的演员郭东海。考试开始，我先是靠在墙上，由助考帮我扳前腿看软度。他扳得挺疼的，但是我希望他把我的腿扳得再高一点儿，这样才显得棒嘛！后来他做了一个虎跳（侧手翻），我一连做了三个。他在练功垫子上做了一个轱辘毛儿（前滚翻），我跟着他做了一个。还对老师们说："我还可以做鱼跃前滚翻窜毛儿"。他们同意了。我挺使劲儿地做了一个之后，老师们看起来都挺高兴的。在考场的天花板上还装了一个滑轮，穿过一根绳子，一端挂一个小瓶子，另一端在助考老师手上。老师叫我跳起来用手打那个小瓶子，我快打到时，他就拉高一点儿。总之是叫我用力地往高跳，以此来测试我的弹跳力。

再就是考小品。第一个题目是叫我在地上找一根针，我就双腿下跪，使劲儿地趴低身子，鼻子几乎碰到地毯，拿手在地毯上摸来摸去。第二个题目是叫我坐在凳子上，一会儿老师突然说："那是火炉子。"这时我就"噌"地一下子跳了起来，还"哎哟"地叫了一声。这个小品在老师和来考试的同学们的哄笑声中完成。

这年的10月，我接到了舞蹈团学员班的录取通知书。几天之后在指定的日子，我带着简单的行李，乘三轮车从崇文区老爸和老妈家里，来到了后海南岸的大翔凤胡同20号舞蹈团的大院。从此，我就踏进了舞蹈艺术的殿堂，走上了漫长而艰苦的艺术道路。

记得当时管理我们学员生活的是张俊姝大姐，她带着我熟悉团里的环境，通过她的介绍，我知道了食堂、浴室和厕所的位置：中院坐北朝南是中教室，对面是大教室，小教室在东跨院。从中院东南角的走廊向东走，就是练功和排练的大厅。后院的一排南房和中院的东西厢房都是宿舍。再往东走，有一个较大的跨院，里面有一个小土山，小山北面是我们上文化课的教室。

我被分到和演员蓝珩大哥一个屋。那是中院西南角的一个小房间，里面除了两张单人床，就是一张桌子、两把椅子，别无其他陈设，看上去简单而整齐。刚到这里，一切都很新鲜，我也很自在。但到了晚上就不行了。因为我从没有一个人睡过单人床，当我睡着了之后，几次翻身就离开了床板，直到觉得身上冰凉而猛醒过来，才知道我已连人带被地跌落。三爬两爬又回到了床上，重新再睡。所有这些动作都像京剧《三岔口》一样，在黑暗中无声地进行，并没有惊动我的室友蓝大哥。这就是我到团里第一夜的"精彩表演"。

现在我想着那时床上床下折腾的情景，不觉地发了"油性"，乱涂"打油诗"一首，纪念我进舞蹈团学员班的第一夜："窗前明月光，夜静心里慌。抬头望明月，低头想爹娘。蒙头被盖脸，闭眼别乱想。心里数绵羊，一觉到天亮。"

我们住的地方早年是个大宅门的深宅大院，三进的房子很气派。据说这个豪宅就是1948年拍的一部恐怖电影《十三号凶宅》所述故事发生的地方。我们在这个宅子里住了两年，从未觉得有任何不适和恐怖。那部电影我没看过，大概这也是住在里面而没有害怕的原因之一吧。

从那个层层套院的大宅门走出南面的大门，也就是说出了后门，就是恭王府附近了，我们常会从高高的府墙外走过；我们还常常行走在离剧团不远的景山后街的林荫大道上。这让我回忆起童年时，跟爸爸从东城演乐胡同去后海南岸蒋养房胡同，到我小姑姑家做客时走在路上的情景。

我们的专业课

　　在舞蹈团学员班两年丰富多彩的生活很让人怀念。艰难的学艺过程、学有所成的高兴劲儿，至今仍觉得历历在目。我们每天的日程安排得很紧：早上 6 点就要起床，洗漱之后就要去练基本功。此时是不允许我们上厕所的，说是怕把元气给"泄"了。刚开始不习惯，后来好像也适应了，也不觉得怎么难受了。

　　我们那会儿练功完全和京剧科班一样，上来就是压腿，然后就是一趟一趟地踢腿：正腿、旁腿、十字腿、蹁盖腿，每样都要踢几趟，几十腿是少说着呢。完了之后练劈叉，没过一个月，直叉就差不多劈下去了。然后就开始练劈横叉，每两个人面对面地双腿横劈开，开始的时候真的很疼，到后来我们小班的一帮人劈开横叉，上身可以完全贴到墙上。我是男班年龄最小的一个，按理说身体应该最软乎儿。侯永奎老师把我们使劲儿地推向墙壁上镶的大镜子，让我们双腿横着劈开，上身完全贴墙，脸若正对那面镜子连鼻子都觉得多余，太突出。人若要向后倒，只能用侧脸贴镜子。侯老师在我的屁股后斜斜地顶上一把大水壶，壶的提梁上再放上一个茶杯，不许掉下来。我连大气都不敢喘。他盘腿往地毯上一坐说："我给你们讲个故事。"一会儿腿就痛得发麻了，哪还有什么心情听故事！大伙儿都明白，老师是有意耗时间，只好乖乖地忍着痛，老老实实地劈着。侯老师讲完了那个我一句也没记的故事，才叫我们站起来。可那会儿我们的两条腿已经麻木，完全不是自己的了。老师把我们从后面一把抱起来，他一放手，我们立刻又坐了下去。这时老师就说了一句："踢五十腿！"我们只有遵命的份儿。小时候的腿功就是这么练出来的。

　　练完了腿练腰。杠腰用的练功凳，原是挂在大柱子上半圆形的木匾联，横过来装上四条腿，上铺棉花，外面蒙上帆布。高度与成人的腰部齐平，便于老师用力。这时白玉珍老师和李鸿文老师就像抓小鸡一样，把我们小班的逐个儿地放上去。面朝天，老师用一只手按右腿，一只手按左上臂，只听得"咔咔咔"几声，一边腰就活动开了，再做另一边。我特别喜欢老师给我杠腰，不"咔咔"地响响，不疼一下就觉得不过瘾、不舒服。然后老师再抓"第二只小鸡"来杠腰，我们一个也跑不了。我腰练得最好的时候可以下后腰抓到脚腕子，往后一滚就放成了四脚朝天的元宝顶。腰活动开了后就是毯子功、打虎跳、砸腱子、翻小翻，再做出场、拉拉提。轮几遍之后是跑圆场，跑完就下课了。

这时才是早饭时间。饭后上午 10 到 12 点是身段课或芭蕾课。身段课学的是起霸、趟马、走鞭。它和训练戏曲演员全一样，只是我们不开口而已。最有劲的是"追躲大赛"，就是让四个同学在大院子里各站一角，手持马鞭，老师一声令下，在"咚咚咚"的鼓声中，开始用圆场的步子追前面的同学，追上可以用马鞭"打"他。还得快点儿跑，不能让后面的同学追上。既不想挨打，还想打别人，就是这个练圆场游戏的全部动力。开始大伙还是规规矩矩地跑圆场，只是步子变大，步数变快。到了后来人也跑累了，就越跑越不像圆场，越不规矩了，就是纯粹在跑。最后大叫着："老师救命呀！"和老师抱成一团，也笑成一团。

1953 年秋，在舞蹈团后套院

1953 年，在舞蹈团后院

有一次男同学比赛拿大顶（双手倒立），看谁耗得时间长。时间一分一秒地过去。一会儿"咚"的一声，一个同学坚持不住掉了下来；过了不多会儿又"咚"的一声，又一个同学掉下来了。我也耗得满脸通红，眼珠子发胀，两支手臂在不停地发抖。可我就是硬不下来，在只剩下我和熊家泰（后来任北京舞蹈学院中学部校长）两个人的时候，我们俩都冒着傻气硬坚持。很不幸他鼻子流血了，不得不下来，我这才取胜。

我记得有一段时间，歌剧团的王家祥老大哥教我们新疆舞，那会儿我们都叫他王老师。有一回，他一边做着维吾尔族舞的前错步，一边以左手掌心向下托着右手肘，右手放在右腮边，在思考动作组合。我们几个就在他后面学着他右手托腮做前错步。当他想好了组合，回头看到我们大伙儿都学着他做托腮动作时不由得哈哈大笑，连声说："不不不，不是这样的动作。"我们才意会到这并不是他要教我们的动作。

刚进学员班不久，记得有人曾问我什么叫古典舞。由于我们那会儿练基本功和上身段课，没有音乐伴奏，都是由老师拿个鼓敲鼓点儿来规范动作的节拍，我就说："敲着鼓点儿练舞，就是鼓点舞呗。"

1953 年，在舞蹈团后院院子里练功

1953 年，在舞蹈团后院做"趟马"动作

1953年5月，在舞蹈团前院大杏树下，扮成女孩子，和曹志光等合影

那年头还没有训练中国舞演员的一套体系和教学大纲。基本功和身段的训练与戏曲演员基本相同，区别只是我们不张嘴、不出声。所谓冬练三九、夏练三伏，那真真地是锻炼意志。夏天在没有电扇更没有冷气的教室里练功，坐在那儿不动都出汗，功是照练不误。用汗流浃背来形容是远远不够的，练功服拧得出水来是常事，出的汗用"桶"计，绝不是言过其实。也许那会儿年轻，并不觉得太苦。

在东大桥的旧校舍因为是临时的，因陋就简可以理解；到了在陶然亭对面建成的新校舍，还是既无冷气也无电扇。因为天花板高度不够，装了吊扇就无法做双人舞托举动作了。那时中央冷气系统还不普及，空调更是没怎么见过，唯一消暑的办法就是前后开窗通通风。

在舞蹈团的时候，到了冬天，老师叫我们去室外练踢腿，要踢到头上身上出汗才算完事。在室外练耗山膀，耗山膀耗到两支手臂发抖，手冻得张不开也不敢偷工减料。有时候老师心疼我们，就会轮流叫我们到他面前去，把手放到他的两只皮袄袖子里，暖和我们冻得冰凉的小手。还没暖和多大会儿，刚感到舒服点儿，老师就会抽回袄袖，并且立马就叫我们再去耗山膀。就这样不停地反复练习，直到后来连想都不用想，一伸手就是那儿，绝对错不了。最简单的山膀尚且要如此不停地练习，复杂的技术、技巧就更需要千百次不断地反复练习了。舞蹈就是这么下苦功练出来的。

我们的芭蕾舞老师是索柯尔斯基、芭兰诺娃夫妇。他们原是俄国加捷列夫剧院的主要演员，也是著名的舞蹈编导和教员。在课堂上两位老师对动作的要求都很认真严格。索柯尔斯基老师还时常自己弹伴奏。有时他要面对钢琴，只能不时侧过脸从镜子里察看我们的动作，做出指导，大家也从来不在此情况下偷懒。

芭兰诺娃老师特别严格。为了让我们明白什么叫绷脚和怎样用力，她会在课堂上脱下芭蕾舞鞋，用绷着脚的脚趾把地板击打得"当当"作响。那会儿大伙都小，不懂得累，人人拼命地使劲儿，要绷得让芭老师满意。不要小瞧这个绷脚，它是基础。绷脚要力量到脚尖，要绷得又开又美，要绷得让腿的线条显得更长才行。脚都绷不好，根本不能跳芭蕾舞。

在"哼哈二将"像前耍"哼"

小时候练基本功有不少方法是很有用的。因为刚刚入门，还不懂什么叫精、气、神。老师让我们把眼睛睁大，亮相的时候盯住一个地方不要乱动，目光集中。最初我就是梗着个脖子，大瞪着双眼，看上去有点儿傻不愣登的。练到后来，面对着黑洞洞一片的观众席，只要目光一扫，最后一排的观众也会觉得你在注视他。这就有点儿意思了。

这种最初的坚持，看起来又傻又笨的练法，练出来的是一丝不苟的舞姿。这包括最基础的耗山膀、耗跨腿、做云手、弓箭步、踏步、卧鱼、小五花、大刀花，动作的快慢拿捏，圆、润、韧的贯穿，亮相时手眼身法步的瞬间配合，等等。要下死功夫，历经千次百次的重复才能做到合乎规格。我们常听说："规格就是美。"这是千真万确的，没有规格谈什么美？尤其是舞蹈这一行。有了规格还不一定就有精、气、神，不一定能吸引人，有光彩。但它至少有了外形的美和可以达到更高意境的基础。没有谁愿意看不规格的舞蹈，比如群舞不整齐划一，独舞不突出、不吸引人。除非是角色特别安排，就是要丑；而这种丑是有内在的特殊的艺术美，不是不规格。这是我多年的一些感受，对今天的后辈应该有些用。

1953 年，在后海南岸的一座小山坡上遥望远方，憧憬着美好而又不可知的未来

到了下午上文化课时，我们会学中学的语文、历史、地理一类的课程。夏秋季，尤其是夏季的下午，又热又困，上课很不容易精神集中。尤其是教室南窗外有两棵很大的杏树，非常诱人。一到杏子熟了的时候，我们这帮淘气包儿总是想方设法地弄到熟透了的杏子来尝尝。如果杏子熟得不透而外表看起来红彤彤的，一口咬下去，就会酸倒一嘴的牙。一天我们正在上文化课，突然西套院儿中央歌舞团的两位老大姐，用拖鞋往树上打杏子吃。随着"啪啪"打杏子的声音，大伙儿的头一起向右看齐，想一探究竟。直到老师再三说"不要看外面"，大伙才恋恋不舍地向前看。

上完文化课，我们一天的学习生活才告以结束。

入学半年左右开始练小翻儿

　　小翻儿就是后手翻，练之前先练甩腰。这是个既累又晕的活儿。和老师对面而立，老师用双手四指拢住学生的腰侧，两个拇指按着学生双肋，用力向他的前下方一按，加上学生自己用力向后方甩去，学生就快速地后弯到了地面，手离自己脚跟没多远了。此时老师顺势向回一拉，双手四指往上一翘，就又回到了站立姿态。学生的双手猛拍一下老师双肩，再次甩下去。如此往复十几次，老师一声停，就停在了下腰的姿态。甩腰的练习是做后手翻的基础，如能越快将双手甩到后着地就越安全，越容易完成后手翻这个动作。开始，两位老师一边一个，在学生两侧保护，并扶着腰和腿帮助学生向后翻。到了一定程度，便可由一位老师帮助学生完成后翻。又过了些时日，我和我们小班的一个伙伴都开始觉得自己差不多可以不需要老师保护和帮手了，不约而同地开始了自己试图"单飞"的尝试。虽然我们分开各自跑到练功厅的垫子上去练"私功"，但好像都在心里较劲儿，看谁先完成独立做小翻儿这个难度很高的后翻动作。说真的，没有了老师在旁边帮助和保护，自己就跟没了主心骨一样，不敢按照规定的动作和规格去做，总觉得向后翻，后甩双手心里就很没底。越放不开，动作就越不标准，也就越不容易完成最重要的部分，后移重心和翻动，就变成了半跳跃、半翻动。结果跳没跳起来，尤其是翻的动力不足，人就直起直落，刚好头朝下后方拍了下去，不是摔后背，就是窝着脖子落地。总之，后手翻就变成了用后背着地的"克子"（京剧术语）后倒地了。现在想想，真是挺危险的，万一搞得不好脖子落地，双手撑力又不够，后果想想都后怕。

　　我们学员班的课余生活十分丰富多彩。每逢节假日，团里会不时地组织大家去逛天坛，去颐和园、香山、碧云寺、八大处这些北京的名胜景点远足踏青。我们同学里有一半来自外地，过去没有机会一览京城的山光湖色，玩得开心了也可以减少想家的烦恼。我们这些生长在北京的同学，也不一定个个儿都去逛过京西远郊的名胜古迹。当时老大哥陈伦和邵关林都是摄影发烧友，为大家留下不少当年的身影。时隔60年，再看这些照片仍觉得那么亲切珍贵。

1 1953年，舞蹈团学员班全体教职员学员假日游天坛

2 1953年，与熊家泰在北京后海南沿后面的假山上

3 1953年，游颐和园午餐时，大家做张口大嚼状

1　1953 年，舞蹈团学员班游颐和园

2　1952 年，学员班（部分同学）十周年纪念在大北照相馆合影留念
左起第一排：姚珠珠、陈爱莲、林莲蓉
第二排：郭玲霞、陈青子、张葳、杨俊男、李慧敏、胡元静、张锦心
第三排：熊家泰、曹志光、王立章、陈云富、邵关林
第四排：陈伦、王庚尧、孙正廷、冯世勋
第五排：方伯年、潘景生
另有范上佳、沈迪才、王月后、王传寅、汪曙生、陈美丽、周恩美、裘克文、蒋安美、杨毓慈 10 位同学未到场

大翔凤胡同 20 号

　　大翔凤胡同 20 号舞蹈团的大院儿布局是院落套院落，走廊多、旮旯多、门洞多，特别适合玩"打游击"的游戏。这个游戏参加的人数要达到 8 到 10 个人才好玩，人要能多点儿更好。"两军"人员要互相深入对方的"司令部"夺得"军旗"为胜。但是这些行动又不能被对方识破，更不能被抓到。于是要改头换面，男扮女、女扮男，花样百出。有一次，我被派去看守"俘虏营"，也就是把抓到的对方的人看管起来的房子。原本只是游戏，睁一只眼闭一只眼，跑掉几个"俘虏"才会增加乐趣，但我却把人家看管得严上加严。"被俘"的唐满成老师只好用给大伙儿说故事、讲笑话的方法来消磨这两三个小时的时光。我记得他讲过一个"护花使者"的笑话。"话说某日一位美艳少妇，盛装赴宴。入席后她发现在她左手边是一位衣冠楚楚的美男子，在她对面是一位风度翩翩的美少年。宴会进行着，大家都很愉快。不久不知何故，那美艳少妇只觉得腹内胀满，很不舒服，说话间只听得'噎'的一声，一个'虚恭'从美少妇处传出。顿时她满脸绯红，深深地低下了头，似在看盘中的佳肴。说时迟那时快，坐在她左边的美男子，彬彬有礼地站了起来，对在座的各位说：'各位，好抱歉，今天我的肚子有点不好，对不起。'说罢坐了下来。尚未坐稳，又听得'噎'的一声。这次他急忙站起来说道：'实在不好意思，我的肚子不好。'说完正要坐下之际，又听得'噎'的一声，少妇对面那位美少年飞快地站了起来，对那美男子说道：'老兄，这个算我的。'听完这个笑话，大伙儿早已乐得前仰后合了。等到这场"打游击"的游戏结束时，唐老师感叹地笑着对我说："真是难忘的星期六呀！"

　　大翔凤胡同离后海很近，冬天湖面结了厚厚的冰，是冰上运动的好地方。湖面宽阔，比一般滑冰场大得多，练速滑可以敞开劲儿地滑，你追我赶，风驰电掣。练花样滑的进退旋转，做燕式平衡，或双人翩翩起舞。在我看来，他们一个个儿像是王子公主、仙女下凡，叫人看得目不转睛。我们也常到后海的冰面上去玩儿，开始就是找块儿地方玩玩"打冰出溜儿"，后来也穿冰鞋玩儿过几次。我只会滑个直线，旋转、平衡什么的还没提上日程呢。这期间，我们一个同学的妈妈在《中国妇女》杂志社工作，要拍一些儿童滑冰的照片，就找到了我们几个小班的同学去做模特儿。当时我们几个还都不太会滑冰，好在我们胆子够大。大伙儿呈"一"字形排开，互相挽着手臂，还摆了个燕式平衡（舞蹈术语叫"探海"），让人拍照。这张照片就是杂志里"在冰场上滑冰和游戏的中国少年儿童"一图，拍摄任务完成得不错，皆大欢喜。

上台致欢迎词

约在 1953 年年中的某一天，东华门大街路南中国儿童艺术剧院的剧场里举行欢迎会，热烈欢迎我们舞蹈团的大哥哥大姐姐们赴朝鲜前线慰问演出胜利归来。会上由我代表学员班致欢迎词。原来上台讲话和平时聊天儿耍贫嘴完全不同。上台讲话即便是照稿宣读，也是一门学问，很不简单。自从接受了这个任务，几天来一想到要上台讲话，我就两腿发软，心跳加快，嘴里发干，浑身不自在。有好几回，我想向团里推辞掉这个活儿，请他们另找别人。可是，自尊心又不允许我这么做。我一想，不就是说几句话嘛，再难又怎么样呢。就是说得不顺溜儿，大哥大姐们也肯定会原谅，体会我们的一片心。就这样，心里反反复复地斗争来斗争去，最终还是肩负着大家的嘱托，壮着胆子走上讲台，完成了我有生以来第一次在大会上的讲话。忘记那篇讲稿是谁写的了，我在下面不知看了多少遍，念了多少回，上了台还是有点儿眼睛发花，好像那些字都在纸上跳动，要用眼睛把它们一个一个地抓回来，再念出去。那可比我跳舞艰难而可怕多了。经此一试才知道，我确实只能做个"动手和脚而不动口"的舞蹈小伙子，而非"动口而不动手"的君子。

我请苏联专家跳交谊舞

　　时间应该在 1953 年的 11 到 12 月。我那会儿刚刚满 14 岁，因为和同学们打赌，我邀请了苏联女专家伊丽娜跳了一场交际舞。那天为欢迎来北京帮助开展舞蹈教育事业的苏联专家奥尔格·阿历格珊德罗芙娜·伊丽娜老师，特地在东单附近的中国青年艺术剧院礼堂举行欢迎晚会。我们舞蹈团学员班是那会儿在北京唯一的专业舞蹈训练班，全体都出席了。当晚会进行到舞会环节的时候，我的一帮男同学——曹志光、熊家泰、陈云富、潘景生、孙正廷几个人存心跟我闹，对我说："王庚尧，你要是敢请伊丽娜专家跳一个舞，我们请你吃一碗馄饨。"我当然有点儿怕，一是怕专家不肯赏光，她是大人，我还只是个小孩子，我和伊丽娜老师又从未谋过面；二是我的交际舞技术还很稚嫩，怕跳不好，万一再踩了她的脚；三是语言不通，我一句俄语不会，她汉语也不行，整个跳舞的过程中我怎么办？这三点都是实实在在的困难，可是那碗馄饨也很吸引人。更主要的是，我不能被那哥儿几个看成胆小鬼。在他们左一句"不敢了吧"，右一句"不行了，没胆儿了"激将法的刺激下，我一咬牙、一跺脚，在下一支曲子刚刚演奏，还没有人请伊丽娜老师跳舞的

1953 年，戴爱莲校长、陈锦清副校长与苏联舞蹈专家奥尔格·阿历格珊德罗芙娜·伊丽娜合影

时候，快步走到她面前，向她深深地一鞠躬，双手向她做出请她跳舞的"美姿"。她开始一愣，愕然地望着我，接着就是"哈哈哈哈"地大笑。我想她还没有被这么年轻的小男舞伴请跳过舞吧！在她一愣和大笑的工夫，我的表情一定很丰富，可惜当时没有拍下来。我没有退却而是定定地站在那里，等她接受我的邀请。我们两个一个是矮小的小男孩儿、小小学生，一个是身材高大的大专家。我们开始跳舞了。伊丽娜老师真的挺高大的，我得仰起头看她的脸。她一直爽朗地笑着，并不时鸡同鸭讲似的跟我交谈——不，应该叫"单谈"。我当然听不懂她说什么，只有专注地，也可以说是傻傻地对着她笑。脑子里还得想着脚下的节拍，心里惦记着别踩了她的脚。我觉得那支曲子怎么那么长，好像永远也不会结束似的。当那支舞曲一结束，我就赶紧向伊丽娜老师一鞠躬，转身飞快地跑回我那帮同学那里去了。身后又传来了伊丽娜老师爽朗的笑声。她还在开心而亲切地笑我。我在伙伴们的声声赞扬之中很开心。我赌赢了。他们是不是请了我那碗馄饨，我现在已经有点儿记不清了。我想，应该还是请了我吧。

我们在舞蹈学校的生活

　　1954 年大概七八月间，我们学员班的大部分同学去东城区香饵胡同，就是伊丽娜专家主持的教员训练班的校址，参加北京舞蹈学校新生入学测试。陈伦、袁水海等还有其他一些老师担任助考。测试的项目有：腿的开度幅度、腰的软度等。例如：考生身体靠墙扳前腿看幅度。芭蕾舞方面，需要测试胯部的开度，这就需要让考生下蹲，老师用膝盖顶着学生的臀部，双手扳着考生双膝向后拉，几乎超过 180 度。这对毫无训练的人来说，真有点儿吃不消。还要掰脚背看好坏，要量上下身比例——臀下线到脚跟的长度，要长过颈椎第七节到臀下线的长度，也就是说，下身要比上身长个几公分才算合要求。这些要求是很严格的，好在我们这些人都练过，当初也都是挑选出来的，因此所有去的同学都顺利地过关。其实是拿我们这些同学做入学测试的模特儿，让各位老师有个实习的机会。

　　过了不久，我们这批人都收到了录取通知书，从此进入了国家开办的第一所舞蹈专业学府。1954 年 9 月 6 日学校正式开学，典礼在我们学校对面北京师范学院的大礼堂举行，文化部部长沈雁冰先生出席，并在会上讲了话。校址位于北京朝阳门外东大桥的白家庄，学校的全名是文

1954 年 9 月，北京舞蹈学校开学典礼

化部北京舞蹈学校。学校一开学，就有一到六年级的各个班级：五、六年级的同学是全国各个舞蹈团体在职的演员来校进修，结业后仍回原单位；一到四年级的同学毕业后由国家统一分配到全国各地。开学的时候按年龄大小分班，我被分到二年级甲班，男女同学各十六七个人，我又多了许多新朋友。我们学校是在全国各个城市选拔学生，入选后由国家供食宿，学生的责任就是努力学习，锻炼提高自己的专业能力，将来报效国家。

　　说起我们在舞校的生活，不少事是很有意思的，甚至是令人难以忘怀的。我们上专业课的服装、鞋子、袜子都有统一而严格的要求。拿我们男生来说，上身白背心，下身是蓝色平脚芭蕾短裤、深米色软底芭蕾练功鞋、白色短袜，每个人都是短短的小分头（要戴发网）或小平头，不可留长发。由于上身穿背心，还要求每个男学生都要刮去胳肢窝毛。白色短袜是很容易损坏的消耗品，有的男孩子穿破了或忘记清洗袜子，又不能穿，就用白色粉笔把脚背擦白了冒充是白袜子，可是上课没多久脚一出汗，粉笔的白粉就冲没了，也就露出了脚的本色。结果自然是被老师数落一顿。

1955 年 5 月，二甲班全体学生和丁美丽、许文老师在东大桥旧校舍合影

难忘的《少年爱国者》

在舞蹈学校接受专业训练一年之后的 1955 年，我参加演出的第一个节目是《少年爱国者》。这个节目由莫斯科音乐剧院的导演霍尔芬和学校的栗承廉老师合作编排，写的是一个少先队员抓特务的故事。我扮演少先队的队长，我的好伙伴张纯增（后来中央芭蕾舞团的主要性格演员和教员）扮演和特务搏斗的少先队员，空降特务由高班同学刘德康扮演。当小英雄和特务搏斗被打昏、特务要逃跑之际，少先队员和解放军战士及时赶到，抓获了特务，少先队员们高唱凯歌，勇敢地前进。这个小舞剧情节很简单，表达得也很直白，作为一部儿童剧，在当时来讲场面不算太小，开打动作也尽量展示了毯子功翻打的特点。排练时也是几经修改，力求有些看头，演员之间的配合越来越顺。有一段情节是：在特务把小英雄举起向远方抛出，因为表现反作用力他要向后倒退，此时我扮演的少先队队长恰好赶到，用一个"窜毛儿"（鱼跃前滚翻）从特务头上越过，站起身后去救那个小队员。有一次演出，不知是我晚了半拍，还是刘大哥（特务的扮演者）抬头早了半拍，我人飞在空中，鼻子和他的后脑勺儿狠狠地撞在了一起，我不但没有飞过去，反而趴在了他的背上。他用力地一抖身子，把我从他背上抛到了前方。我在半昏迷状态下，左肩着地后翻倒在台上。这时我很本能地想爬起来，可是我看地板怎么翻转着跑到天花板上去了？我则满脸是血地昏在了台上。戏里本该由我救醒的小队员，见我没去救他反而卧倒在那里，已经意识到事情不对了，他便自己醒了过来。当看到我脸上都是血的时候，他完全明白了，我出事了！他十分机智而勇敢地把我救下了台，并继续表演下去。直到这个节目结束，绝大多数观众也没有意识到舞台上出了事故。此一撞非同小可，鼻梁骨撞到单侧凹陷，肿得把眼睛都眯缝起来了，那是真真正正的鼻青脸肿。左肩着地时还弄了个左锁骨骨裂，要两三个星期吊夹板，停止一切活动。正好有一天在校园里遇到了伊丽娜老师，她见到她的"舞伴"这副模样，十分关切地询问了我的伤势和受伤的经过。除了亲切地

1955年，在《少年爱国者》中扮演少先队队长（右一）

嘱咐我好好治疗休息外，还开玩笑地对我说："你为什么不打他（指特务）一顿？"当俄文翻译白丽老师讲给我这句话之后，伊丽娜老师又很幽默地笑了，我也哭笑不得。

我在全国政协礼堂舞台的演出相当惊险，记忆深刻。上次演出《少年爱国者》摔了个鼻青脸肿，痛苦不已。一两年后我和同学们再次在这个舞台上演出，又出意外了。这次演的是朝鲜族舞蹈《丰收的喜悦》。我和田兆春两个人表演甩帽穗儿，就是朝鲜族的"象帽"顶上用高丽纸做的长穗子。当我们俩一左一右，自台后跑跳步向台前，并敲打手中的扁鼓来到了台口处，用大甩头动作向上甩动那个六尺长的帽穗，同时转身向回跑的时候，哪知道正踩在了上一个节目印尼舞演员撒下的花瓣上，脚下一滑，人就趴在了台口上，下半身已经挂在乐池里了。我连一拍音乐都没有耽误，快速地爬回台上继续表演，而且把帽子穗儿耍得更欢，最后的单腿收转还转得特别顺。节目结束时观众掌声雷动，外国专家们还跺脚以示特别喜欢。不知是不是因为我那一个大马趴摔得"太漂亮了"才至如此？反正观众喜欢我们这个节目倒是真的。

"天鹅公主"飞到了北京

　　1950年高家从香港回到上海后，醇英就向俄罗斯著名芭蕾舞演员尼娜老师等白俄芭蕾舞蹈家学习。1951年醇英表演了舞剧《宝石花》里的绿宝石独舞。1954年她表演了《印度舞》《中国寺庙花园》—— 一个中国舞和芭蕾脚尖舞相结合的优美舞蹈，还表演了《胡桃夹子》里的糖果仙子独舞。1955年，她的芭蕾独舞与联群中学《藤圈舞》作为上海市优秀获奖节目到北京参加全国中学生会演。醇英在中南海怀仁堂表演了《白天鹅》独舞，周恩来总理观看了那天的演出。由此，醇英成为登上首都艺术舞台的第一个"天鹅公主"。

1951年，高醇英11岁，在上海兰馨剧场演出《宝石花》

1953年，上海兰馨剧场尼娜老师与学生告别演出，高醇英在尼娜老师右侧，高醇莉在高醇英左前侧，高醇芳在一排右四

一九五五年二月十日 星期四 文匯報 夏曆乙未年正月小 十八日 第八版

上海学生的優秀演出 — 音樂、舞蹈

上市中先江上界校培生之器會演已閉幕結束了。這些
大會評中，選出了優秀節目者干，奮蹈節目、參加優秀的
在北京舉行了匯萃業余藝術文藝群舞演出，這些民眾選演的
圖片，是上海學生共演的一部分優秀節目。
本報陳座官攝

Maria

↑ 藏聯民間舞蹈：「烏克蘭所基」
→ 男聲合唱：「流帆順水」

→ 巴蕾舞，「天鵝湖」中的一段

1955 年 2 月 10 日《文汇报》报道高醇英参演的《天鹅湖》中白天鹅独舞

终于迈进"舞蹈家摇篮"的大门

　　秋天的北京，是一年里让人觉得最舒服的时候，晴空万里，秋高气爽。可是醇英却一点儿也感觉不到秋天的美好。15 岁的她只身一人从上海来到北京，在士良叔婶家住了有一阵子了。新学年已开学，可是她进舞蹈学校的事，还没有得到学校的明确回答。一年前在上海招生的负责人，借口说她肺部有问题不让她入学。现在有了医院拍的 X 光片证明她的身体完全正常，不该再有什么不让入学的理由了吧？她焦急地想着。其实是因为她家庭成分不好的缘故，特别因为母亲是英国人，很受排斥。素芹婶婶和蔼慈祥的武老先生非常疼爱醇英这个漂亮活泼又懂事的外孙侄女。武爷爷时常会到胡同口外的早点铺去，买好吃的烧饼、焦圈儿和豆浆给她吃，那真是美味。可是吃完了这些好吃的东西之后，又是一天杳无音讯的等待。一天她对素芹婶婶很无奈地说："老没有答复，实在不行，我就只好得回上海去了。"婶婶回答说："我看咱们再给戴爱莲校长写封信吧，看看她怎么说。"又过了一些天，总算有了回音："自费，试读半年。"好在她家里不缺那几十块钱的学杂费，只要能进学校学芭蕾就行。她听到这个迟来的好消息高兴得不得了。后来我们才知道，原来高家妈妈给宋庆龄伯母写了信，希望在醇英入学的事情上能得到她的帮助。宋伯母知道醇英很有舞蹈天赋，从小学过许多年芭蕾舞，演出总是主角。正是由于宋伯母的关怀起了关键作用，醇英才得以进入舞蹈学校学习。后来我们从老同学那里得知，一般试读生都是试读半年，不成则走；成则留，成为正式学生。但是半年之后，明明醇英业务优秀超人，跟三位老师一起表演《四小天鹅》，学校却不让她转正，要她再当半年试读生。在这所公费学校里，醇英是唯一试读一年的自费生。从一入学醇英就是一个特殊学生，大概凡是成功人士都该有些与众不同的经历吧。

我们的母校

　　文化部北京舞蹈学校是一所非常专业化、正规化的学府。莫斯科大剧院和基洛夫剧院的附属学院是我们学校的样本，学校的创办就是在苏联专家的指导和帮助下完成的。我们学校的训练方法和教学体系与苏联完全相同，另有中国古典舞、民族民间舞、毯子功、刀枪把子课这些中国特色的内容，再加上芭蕾舞和外国民间舞，主课一共有六门；艺术上的还有表演课、化妆课、美术课；文化课有古典文学、历史、地理、俄语、政治课，理科有几何、代数、物理、化学；还曾有过钢琴课，总计约有 20 多门功课。一周六天连轴转，连个喘气儿的工夫都不宽裕。对于文化课，大伙儿几乎都是临时抱佛脚，以应付课堂上老师可能的提问、抽查和小考试。拿俄文来说，学了四五年，现在能记住的只有："得拉斯特维基"（你好）、"哈拉瘦"（好）、"依秀拉斯"（再来一次），还有"达斯维达尼亚"（再见）这类十分常用的词，别的都还给了老师。有淘气的还把"再见"篡改成"都是你大娘"。而其中"依秀拉斯"这个词给我们留下了刻骨铭心的记忆。老专家在排练时最爱用的一个词就是"依秀拉斯"。不管身体已经多么疲乏，只要老专家一句"依秀拉斯"，演员们不论是谁，尤其是我们这些主要演员，就像战士接到了命令一样只有往前冲的份儿，都会鼓足精神地再做一次。从人的本能讲，我真是很恨也很怕听这句话；而从一个演员的修养和道德而言，那是必修的磨炼。一次次的"再来一次"，渐渐地让我们熟悉地掌握了剧中独舞、双人舞的技巧，也增强了我们的心肺功能，为登台演出提供了最让人放心的精神和体质上的保证。我恨"依秀拉斯"，我又特爱这个"依秀拉斯"。到底是千锤百炼出功夫啊！

　　关于专业课，一个班多少学生、练功服什么样式、舞鞋和袜子的搭配、教室的把杆怎么安装这些方面，都有明确的规定。在专业课的课堂上，老师对学生的要求非常严格，甚至严酷，也全是苏联专业舞蹈学校的一套。几年下来，同学们已被培养出这样一种思维模式——没有做不到的动作和技巧，只有练习得够与不够。到今天我仍然认为当时那种向专业舞蹈学院的学习和借鉴是应该和必要的。后来在媒体和影视资料里看到，苏联的学校设有为担负主要角色的同学和有伤痛的同学进行保健按摩的按摩师，而我们的学校当年在这方面是欠缺的。要知道主要演员演出一场大舞剧，所付出的精力和体力是极其巨大的，十分疲惫，靠自身的恢复能力很难完全复原。一些主要演员由于没有得到有效而及时的养护和治疗，得了本可以防止的职业病。这不但使他们长期病痛，甚至痛苦终生，也使国家损失了人才。当时为什么不向苏联学习这一点，设置这项保护主要演员身体健康的好设施呢？我由衷地劝告今天肩负着重任的舞蹈演员们，一定要也应该在演出之后，用保健、按摩之类的手法来帮助自身缓解疲劳，放松高度紧张的筋骨和肌肉。没有了健康的身体，舞蹈技巧和一身本领也都会随之消失。

说起大锅饭，我们学生食堂的大锅饭可是很不错的。早餐有豆浆，里面还打有鸡蛋，还会发芝麻酱、果酱，白米、白面敞开供应。我们这帮十四五到十七八岁的小伙子、小闺女正是长身体的时候，再加上繁重的专业课，自然食量都不小。食堂里再大的锅和笼屉也有个限度。有时候白案的康师傅做了懒龙或是豆包之类不可能每天都做的好吃食儿，大伙儿便会甩开腮帮子一通儿猛吃。康师傅见大家爱吃，心里当然很高兴。但他提醒大家说："你们先来的都给吃了，那后来的人吃什么，吃我大腿呀？"一听说康师傅这么说，大家就都"口下留情"了。

那会儿学校常组织大家外出观摩，每次集合召集人总会一个一个班地问人是否到齐了。当问到三甲班的时候，有时召集人就干脆问："你们班的王庚尧来了没有？"因为我吃饭向来很慢，边吃边讲话，又吃得特多，总是最后一个到。如果我已在场，就会听召集人说："好，出发吧。"有一次，大会都集合了，我还没来。一个同学回答召集人说："王庚尧还在食堂吃第九个菜肉馅儿大包子呢！""快去叫他！"这种情景当然不能老发生，大多数时间我会前后脚地来到集合地点。但有一点我非常清楚：在演出的事上，我从来不迟到，也从来没有误过场。对这些正事，我是很认真的。

我们班的新同学

1955年10月的一天，是非常值得记住的日子：我的醇英出现在了我的面前。那天大家在上晚自习，就在大多数人装模作样地看书时，在班长的带领下，高醇英第一次踏进了三年级甲班的文化课教室。我们三十几个男女同学一齐把目光投向了这位陌生而漂亮的女孩子——我们三甲班的插班生。班长向大家介绍她说："这是咱们的新同学高醇英。"只见这位新同学，一身素雅的衣着合身但是不夸张，头发整整齐齐地从中间左右分开，两条长辫子梳得很光溜，一双大而明亮的眼睛，最让人注意的是她那笔直而高挺的鼻子。这位新同学原来是个小外国人儿，我心里想着。接着班长向她挨个儿地介绍了在座的每一个同学的名字。

许多年之后，醇英才告诉我说："在所有的同学里，除了班长的名字之外，我只记得一个男同学的名字，那个名字就是你——王庚尧。"并且当时她心里想：这个同学好像在哪儿曾经见过，他像个演电影的小演员，好像是演过小八路一类的角色。醇英对我说："我想这一定是缘分吧。"这话听得我好感动。

在醇英见到我那天，我的"光辉形象"是这样的：上身一件深蓝色俄罗斯式的偏口立领套头衫，腰上戴一条勒得紧紧的宽牛皮带，制服裤子，再加一双从来也不系鞋带儿的高帮翻毛皮鞋。有一次醇英笑着跟我说："大概是上辈子欠了你什么，这辈子不远千里从上海跑到北京来见你。"就这样，她成了我的同班同学。

日子一天天地过去。因为醇英待人真诚、开朗，很快地她就跟大伙儿相处得很融洽了。大伙儿都很喜欢这个长相不一般的新同学，我当然也不例外。这位新同学似乎对我也很关心。有一天上地理课，课堂上临时抽问，杨老师要我回答盐碱地形成的原因。三个原因我只答出来一个，另外两个原因怎么也想不出来了。杨老师很"客气"地给了我一个五分制的二分，这是我在舞校几年的文化课里，唯一的一次不及格。这件事对我的触动很大，怎么也不会忘记。几天之后，在我们三年级甲班的壁报上，又有一件叫我无论如何也不会忘记的事情发生了：我未来的公主——当时的"小洋人儿"同学，很友善地批评了我一顿。不外乎叫我认真复习功课、争取好成绩，等等。这是醇英唯一一次公开写文章批评别人，挨批的还竟是她未来生活里的另一半。命运有时候挺会开玩笑的，而且开得很巧妙。

醇英刚入学不久，她参加演出的第一个节目叫作《苏沃洛夫》。这是一个表现苏联军校男生和中学女生的集体舞。男军校生一身笔挺的小军装，小皮鞋倍儿亮，左手捧着军帽，右手牵托着女生的手。女同学身着背带式小短裙，白绸子蕾丝衫，头上扎一个大蝴蝶结，也是倍儿亮的扣带小皮鞋。他们迈着正步，整齐划一地走上舞台，出场两个八拍一过就赢得满堂彩。那会儿不少男同学都羡慕能演出这个节目的男生。谁不愿意穿上神气十足的小军装，在台上显摆显摆呢。

醇英参加演出的第二个节目是《四小天鹅》。四位演出者中的三位都是芭蕾舞课的老师，只有醇英当时还是学生。经过不懈的努力，这位曾经的试读生，在不到两年的时间就可以和老师同台演出了。

不久后的 1956 年 3 月，苏联专家查普林给第一期编导训练班排练舞剧《无益的谨慎》（La Fille Mal Gardée），7 月这部戏在天桥剧场首演。这个戏的原创剧在 1789 年的 7 月 1 日首演于法国波尔多大剧院，作曲家是赫罗尔德。它曾有过两个中文译名：《关不住的女儿》和《女大不中留》。这次在国内的首演，醇英被查普林老师挑选为女主角扮演丽莎一角。男主角柯连的扮演者是吴祖捷、孙正廷二位学长。醇英演出《无

1955 年除夕晚会，三甲班同学与丁美丽、杨征如二位老师同庆

高醇英（右二）入舞蹈学校后演出的第一支舞《苏沃洛夫》

1	1
	2
	3

1 1956年，高醇英（左二）
 与曲皓、岑映萍、刘碧云三
 位老师演出《四小天鹅》

2 1957年2月16日，新加坡
 报纸刊登高醇英（左二）与
 三位老师表演《四小天鹅》
 的剧照

3 1956年，高醇英和三位教
 师为外宾演出《四小天鹅》

1957. 2. 16
新加坡的报纸
【第六九二蝴】

益的谨慎》时，只是学校四年级一个 17 岁的学生，一个刚刚由试读生转为正式生的特殊学生。因为她的表演十分自然生动，外形又和剧中人很适合，活像个洋娃娃，大伙儿都很喜欢看她的表演。她在做技巧动作时总是表现得那么自如，非常完美并富有乐感。丽莎独舞变奏中 16 个 Tour attitude devant（前阿蒂迪德原地单脚转），她完成得总是那么准确、优美、流畅。查普林专家任满离开之前，就曾对醇英说："你以后可以演《天鹅湖》了。这对醇英是很大的鼓舞。手巧的醇英还亲自给查普林老师做了一个像丽莎一样的洋娃娃，穿的衣裙和演出服一模一样，送给他做纪念。

醇英在 1956 年舞校放寒假回上海时，带着苏式芭蕾舞练功裙，天

1957 年，高醇英和孙正廷主演芭蕾舞剧《无益的谨慎》时的剧照一

1957年，高醇英和孙正廷主演芭蕾舞剧《无益的谨慎》时的剧照二

天练功。二妹醇莉在上海也是芭蕾舞的佼佼者，是上海市少年宫的主要舞蹈演员。醇英父母也都很喜欢音乐、舞蹈，她父亲还曾跟俄罗斯芭蕾舞老师上课练习过健身舞。她父亲春节休假时，就充当起女儿的舞伴，对着十一叔叔的镜头摆拍，还挺像模像样的，很有趣。

1　高醇英、高醇莉与
　　她们的父亲在上海
　　家中客厅摆芭蕾
　　舞姿
2　高醇英父亲芭蕾舞
　　托举成功

文 化 部 北 京 舞 蹈 学 校
暨 舞 蹈 編 導 訓 練 班
畢 業 實 習 公 演
三 幕 法 國 舞 劇

無 益 謹 慎

作曲　格　爾　切　里
編劇　維·伊·查普林（據多貝瓦爾原作改編）
編導　蘇聯專家　俄羅斯蘇維埃聯邦社會主義共和國
　　　功勛演員　副教授　維·伊·查普林
　　　俄羅斯蘇維埃聯邦社會主義共和國
　　　功勛演員　　阿·阿·高爾斯基
指揮　踏　信　恩

艺术指导　　　　　戴　愛　蓮

北　京
1957

三　幕

了不讓麗莎難過而跑了出去，瑪爾采琳娜把門鎖起來，她开
……把起她来。麗莎梦……把头靠在她的膝上，也很快睡了。
像小心地把信揣进导中，热引起麗莎的注意。麗莎看見了
……出去，但是失了手，跑得罷了。瑪爾采琳娜不知是怎么回
……讓她給自己的舞蹈作家，瑪爾采琳娜答允了这个好動的孩
……孩了。柯麗把麗莎到院子里来。麗莎決法散刷玩耍，但是
……但是，門原来是他住的，必須迅速逃出，在院子的閨裡
……麗莎享着愉悅的情緒走到門角，突然……吧母罷了，又打
……的舞蹈，嚇起了叩門声，瑪爾采麻娜思走开門。但隨院到
……放在口袋里的么一——男女工帶着麥斯送来了，麥都放
……爾采琳娜想至一下整个工作，就和他們一起下地去了。而
……幻想中。

……難道熊驚抱由在玖兒么?翹得会愛然这么呀?你应就高升。
……麗莎。他們客得荒点吳兒起来。麗莎开始可慎起簡来。她
示愛情，他們交换了吉中，他們的安宁突然又射了限了!
……懂地把到連麻在貧館家里，而自己不知所措地坐下，不
……但是，一看見她紧着樹連的头巾，就要处飯地，于是担
……簽订婚約的。

……的婚礼服，男女型女拉攏了一個因圈。双方在婚約上
……的門。天哪！门口出現了麗莎和柯连。

啞　場

瑪爾采琳娜羞得無地自容。她生气地拒絕了麗莎和柯連几次三番的要求。
公証人建議瑪爾采琳娜請解除婚約。
瑪爾采麻娜不得不同意了。米知抗議，但瑪爾采琳娜撕毀了婚約。
米紹索回自己第几袋錢，在大家的嘲笑下和自己兒子尼凱兹一起跑出門去。
麗莎和柯連很幸福，他們擁住瑪爾采琳娜，大家都贊允来。
突然公証人脫住了大家。他脫下帽子，假鬚和亂髮。原来，公証人是柯連的弟兄裝扮的。
瑪使没有把米紹和尼凱兹撞走，婚約也不能生效，因为公証人是假的。这一巧計更使大家开心。怎样麗莎
和阿連就成了终身伴侣。

瑪爾采琳娜（女 地 主）………份演者：A 蒋淑煐、B 赵秀琴
麗　　莎（女地主孙女）………份演者：A 黄伯虹、B 髙醇英
柯　　連（女地主的男工）………份演者：A 吳祖杰、B 孙正廷
米　　紹（有錢的磨坊主）………份演者：A 李承祥、B 白　水
尼凱兹（他的兒子）………份演者：A 肖泉路、B 王继续
麗莎的女朋友(女地主的女工們)………份演者：A組：曲皓、吳湘諼、
　　　　　　　　　　　　　　　　　　　劉碧云、秦阿青、
　　　　　　　　　　　　　　　B組：哥映群、丁培玲
　　　　　　　　　　　　　　　　　白淑湘

1957 年，中国第一个芭蕾舞剧《无益的谨慎》节目单

陶然亭的观影之缘

　　1957 年对许多同学都是很重要的一年。经过三年的实践发现，如果仍旧每个学生四门主课都学，学生的知识面是广些，但是负担太重。以我们四年级来说，每周约有 40 个课时，这样既没有足够的时间，也没有那么多的精力，使得各门功课都无法进一步提高。到这年的 9 月新学年开始的时候，学校将同学们正式分为两个科。醇英被分到芭蕾舞科，我被分到中国古典舞科。从此我们俩就成了同级不同班的同学。学校也从朝阳门外白家庄搬到了陶然亭公园正对面的新校舍。

　　陶然亭公园几乎成了我们学校的私家花园。那里有几座假山，前后有两三片湖水。到了桃李花怒放的春天，幽香远飘，沿岸垂柳成荫，随风摆荡。微风轻拂面颊，身在其中，心旷神怡。有前人诗记陶然亭云："溪风吹面蹙晴澜，苇路萧萧鸭满滩。六月陶然亭子上，葛衣先借早秋寒。"公园里窑台饭馆有各色美食：窑台儿的活鱼，清蒸和红烧都特别鲜美。葱爆牛肉更是肉香四溢，别具风味。涮羊肉也很地道，醇英就是在这里学会吃涮肉，当然是我这个小老北京带她去的。

　　得地理之便，这么好的一个公园就在眼前，真是上天对我们的眷顾。公园里还有一家露天影院，是大伙儿节假日和周末的好去处。这年初秋的某天，我又到公园里去看电影，那天放映的是苏联的故事片《最高的奖赏》。电影刚开始不久，醇英大约是因为排练来晚了，在黑暗中摸索着找位子。我旁边正好有个空位子，她轻声地问我："有人坐吗？"我说"没有。"于是她就坐在了我旁边。电影约摸放映了一半时，天气有些转凉。那个影院设在坡上，晚风吹来确实有些寒意。我看她穿着无袖的连衣裙，双手轻轻地摩擦着手臂，显然是冷了。我就脱下自己的外套披在她的肩上，她并没有拒绝，而是向我浅浅地一笑。我心里真高兴，一股英雄救美的自豪感油然而生。我为自己做了一件男孩子应该做的事情而感到兴奋。因为自豪和兴奋，后来电影都演了些什么，我都没看清楚了，有点分心了。电影结束后，我们一起走回学校。在路上我觉得她还是有些冷，就用手臂拢住了她的肩膀，如此直到公园门口。当我们就要走进校门口的时候，她才把外套还给我，并说了一声"谢谢你"，才分手而去。

在我们结婚之后很久，一次聊天时她才跟我说："就你那么一搂，就把我给搂过去了。"她也还有点儿疑惑："那么多女孩子在你身边转，也不知道你是不是搂过别的女孩子？"我当然马上回答说："没有，没有。"她还说："我嫁给你，是上帝给你的'最高的奖赏'。"

这倒真是说得一点儿也不错。我俩从相遇到结婚就是上天给我们的最高的奖赏。你们知道吗？当时她还给我的外套上，还留有她的体温和特别的香味儿，让我很久都舍不得洗那件衣服。那时候的我们真的十分天真。

《炸碉堡》演出记

在演出了《少年爱国者》里的队长之后，个头已经长得太大了，不能再演小孩儿了，演大人的戏又太小，这一段时间我就成了"无业游民"。后来排演了小舞剧《东郭先生》里的猎户，才有了点儿出场机会。又过了不久，我学演了一个很不一般的独舞《炸碉堡》。白水老师是编舞，原创表演者是我的老师杨宗光。在曲牌《将军令》的演奏声中，整个剧场回响着高亢而嘹亮的旋律。编舞老师运用典型的古典舞的动作和身段，生动地表现了一个英武的战士冒着枪林弹雨，过沟越坎，疾驰骤停，摸爬滚打地接近敌阵，送上炸药包的情景。我自右台口冲出，并用一个�子扑虎来表现急速撤回到安全地点，既合乎情节的需要，又十分形象。最后立身回头，挥动右手，呼唤战友们一起冲向敌阵。这个独舞从头到尾一气呵成，毫无喘息的间歇，是个累死人不偿命的编排法。凡是演过这个节目的人，都曾有过两腿发软、心脏狂跳，大口大口地猛喘还是倒不过气来的深切体会。

1957 年的"交心运动"

　　1957 年对许多人都是很不平静、很不一般的一年。这一年在全国展开了整风"反右"运动。我们这个年级的学生，不属于正式参加运动的人员，为此我们班没有出右派。算是运气好，大家逃过一劫。正式运动不用参加，但另一种形式的运动"交心运动"则是必须参加的，这是没参加正式运动的人必须经过的考察。那期间还曾对每个人的出身成分做过重新认定。某一位班主任老师就很高明、很有创造性地将一位同学的出身说成是"流氓无产阶级"，后来不知为什么又改成了城市贫民。标准到底是什么？在那个事事、处处讲出身的年代，当权的老师不能只图嘴上说得痛快，那是要放入学生档案里，跟着学生一辈子的。

　　所谓"交心运动"在当时那种政治气候里，不知是不是有人想一窥别人内心奥妙的好奇心在作怪，还是为了表示他们积极地投入运动，要在学生当中挖出些在心中有不协调之音的人，于是，促使我们的某些师长不停地施压和诱导。我想，在当时的历史条件下，只有极少数十分成熟或者完全是有心人，才会保住内心的秘密，而不在"交心运动"中"交"出心里的真实想法和个人隐私。当然不论你的想法被后来的社会实践证明正确与否是否、合乎人性和公理，让你交心自然是交"黑心"，是"不合时宜的心"。

　　醇英根据自己的切身体验，在公开的交心会上讲："我爱我的祖国，可祖国不爱我。"因为她的出身和交心记录"文革"之初就被从档案里扒出来，以大字报的形式点名批判。过去她在上面翩翩起舞的舞台，被一吊杆一吊杆的大字报所代替。其实从 1957 年之后，事实反复地在证明着她的感受是准确的：从入学的受阻，就因为她的妈妈是英国人，就认定她不能代表中国人，更不能代表中国的舞蹈家。在讲不出任何正当理由，也根本没讲任何理由的情况下，被剥夺了出国演出的权利。一个历尽艰辛培养训练出来的优秀芭蕾舞蹈家，连观看苏联莫斯科大剧院来华演出的观摩学习的机会也被剥夺了。醇英身为剧团的主要演员，还是表演《天鹅湖》的主角，大剧院演出的《天鹅湖》《吉赛尔》《宝石花》几部大舞剧，最著名的芭蕾舞大师乌兰诺娃的演出，却都没有让她去观摩。那会儿也不可能放下学业，自己去排几个钟头的队去另外买票。她只得到一次观赏他们小节目表演的机会。这到底说明什么？又为了什么？醇英在多年后，不无幽默和自我解嘲地说："大概我跳得已经太好了，不用再去观摩学习了。"

我感叹她生不逢时，或者说改革开放来得太迟了。今天多少中国培养的优秀芭蕾舞演员，去到不少国家和著名的剧团签下合同，在异国他乡担任主要演员。那些国家和剧团并没有因为他们是外国人而歧视他们，对他们不公平。为什么在当年的中国就因为长得不像完全地道的中国人而受到如此的不公平待遇呢？听说当年舞校的一位校长曾对来访者称醇英是"新疆人"。这是一种什么样的心理？我至今弄不明白。

1957年夏，和同学们在京郊农村菜园里劳动

学习印度舞

　　1957 年左右，应该是在学校组建东方舞蹈班之前，天气不冷不热的时候，我和同班的田兆椿接到通知，要去学习南亚洲印度、巴基斯坦的民族舞蹈。地点就在学校，教跳舞的老师是印度、巴基斯坦驻中国使馆的文化官员，每周两到三次到学校来教我们俩。印度舞的上肢和手势动作很多，练习时间久了，手指做撇和张的动作多了，连小臂都会生疼；光着脚踏地的动作，也会让脚底板经受不一般的磨炼，下蹲动作也很多。总之印度舞是个很新鲜的舞种，所使用的肌肉群也和中国舞、芭蕾舞不同。每个动作都会几十次地反复练习，老师的要求也很严格。在外国老师面前我们也不想丢脸，练得挺累的。我和小田应该算是舞蹈学校学习和接触东方舞的头几个人呢。说个有趣的事：每次中间休息都会有好戏看，我虽然当时已经在私底下背着老师抽过烟，但仍不敢在教室里公然抽烟。我们的老师就不同了。他很喜欢抽烟，这都没什么，有趣的是，老师抽完烟把烟头往地板上一扔，他那光光的脚板就踩了上去，一碾烟就灭了，而他的脚底板却完全无碍，完好无损。看得我们俩心惊肉跳，好家伙，从未见过这等光脚灭烟头的功夫！

中国的《天鹅湖》诞生了

到了 1958 年,老专家苏联功勋艺术家彼·安·古雪夫老师准备为年轻的中国芭蕾舞学校排练世界古典芭蕾舞名著《天鹅湖》。他先对学员的技术水平做了系统的了解。醇英为了给老专家观摩演出《无益的谨慎》,放弃了返回上海探亲的计划。那次演出醇英跳得很出色。之后老专家又深入课堂看课。课后古雪夫老师把她叫到前面来,问她:"你会不会转 Fouetté?"这个旋转动作中文叫"挥鞭转",是一个难度非常高的动作,需要挥收动力腿,单腿脚尖原地转,连续许多次。按照教学大纲的规定,同学们还没有开始这类高难技巧的训练,但这是扮演黑天鹅的演员必须掌握的技巧。《天鹅湖》第三幕中,黑天鹅在舞台中央一口气连转 32 个圈,就是这个转法。醇英说:"会啊。"老专家就请她转给他看。醇英连续转了 20 多圈,而且丝毫没有移动地方。老专家看过之后十分高兴,通过翻译朱立人老师对醇英说:"很好。"就这么一句"很好",中国第一个黑、白天鹅的扮演者诞生了。从舞校唯一的试读一年的插班生,到担当世界经典芭蕾舞剧《天鹅湖》的女主角,前后只用了三年多一点点的时间,这在世界芭蕾舞的历史上也是一个奇迹。是宋庆龄伯母的帮助,是伯乐古雪夫老师的发掘,中国才多了一个优秀的芭蕾舞蹈家。与此同时,醇英的同班同学白淑湘也被挑选担任该剧女主角,同时扮演黑、白天鹅。

在《天鹅湖》的排练进行到两个多星期的时候,老专家就对醇英和她的舞伴吴祖捷,带着鼓励和嘉许的口吻说:"你们现在就可以演出了。"这是多么大的鼓励和信任!可是就在这之后不久,吴祖捷不慎扭伤了脚,醇英不得不和另一个舞伴学长孙正廷,重新从头再排练一次。这种世界经典作品对主要演员的要求非常严格,双人舞的扶、举技术要配合得十分默契,不允许出现任何差错和失误。醇英经过加倍的艰苦努力,如期出演了《天鹅湖》,并取得了很大的成功。

这里还有一个有趣的小插曲值得一提。《天鹅湖》剧第三幕黑天鹅和王子的双人舞之中,有一个难度非常高的蹲鱼儿跳接的动作:黑天鹅非常得意地从舞台右后角快步跑向左前角，并在刚过舞台中线时做一个起跳动作，离开地面猛地斜蹿出去，由王子从空中接住，做一个头在下、腿向上的小鱼儿的造型。多年之后在闲谈当中，孙正廷学长才告诉醇英，他因为眼睛近视，天鹅在舞台后角到跑到中线之前，王子根本看不清她在哪儿，在做什么动作。直到黑天鹅跑到台中间，起步蹿跳飞过来了，王子才看见了这只天鹅，赶快一把接住。他们一直配合得很好，这个动作也从来没有出现过任何问题，醇英每次都是完全信任地勇猛蹿出。真要感谢王子的机智沉默，没有道破此"天机"，不然她会心里发毛，真不知道每次该怎么做这个飞步蹿跳的技巧了。

1958 年，《天鹅湖》第三幕，高醇英饰黑天鹅，孙正廷饰王子

1958 年，高醇英和孙正廷主演《天鹅湖》，北京天桥剧场挂出的宣传剧照

1958 年，《人民日报》，"天鹅湖"二幕，高醇英饰白天鹅，孙正廷饰王子

《天鹅湖》第四幕终场，爱情战胜恶魔，高醇英扮演的白天鹅变回公主

上图：第三幕中王子和黑天鹅英吉丽娅的双人舞
（新华社记者 吴化学摄）

昨晚，人们第一次坐在中国的"天鹅湖"畔。

北京舞蹈学校的学生们第一次彩排这出世界著名的芭蕾舞剧。

剧场里坐满了文化艺术界的人士，他们全神贯注地在迎接我国第一个大型芭蕾舞剧的诞生。

周总来总理、邓小平、陈毅副总理都坐在"湖"畔关怀着中国文化艺术里面的这支新苗的生长。

舞剧休息时，在大厅里、楼上楼下的座位中，不断听到人们在交口称赞，夸奖舞蹈学校这一朵跃进之花。

剧终，在演员们多次谢幕之后，周总理、邓、陈副总理回过头上祝贺这群年轻舞蹈家初次获成就。

这出舞剧演出的编导，一向要求非常严格的苏联专家古雪夫，看了昨夜的彩排，满意地笑了，对他的中国学生的表演水平大为夸奖。

☆　☆　☆

舞剧一开始，还在那些村女、宫廷男女的圆熟的舞步，就已深深地吸引了观众。

第一个出现在舞台上的中国吴杰塔和奥吉丽娅——白天鹅和黑天鹅，用她的清新多姿的独舞和王子的双人舞，把我国小舞蹈家们刻苦学得的成就展示在人们的面前。白天鹅的32个"福安坦"（独脚尖旋转）的成功，更成为昨晚观众赞赏的高潮。

白天鹅、黑天鹅、三个大天鹅、四个小天鹅以及群鹅的翩翩丰姿、纯熟舞步，使观众席中迫不及待地多次迸发出满意的掌声。

观众席上不乏看过莫斯科音乐剧院和新西伯利亚芭蕾剧团的天鹅湖的人，他们昨晚对这些年轻小天鹅都给了很好的评价。有的人表示非常感动。他们说，当初欣赏苏联艺术家的杰作的时候，怎么也没能设想，这么快，今天就能看到这样像样的。

☆　☆　☆

观众们也发现，这次的编导和演员们对剧中一些场面有了新的处理。

为王子择配的舞会上，候选新娘的舞步、群魔幻像的西班牙舞、意大利舞、恰尔达斯舞、玛祖卡舞以及小丑献舞都是新编的。

黑天鹅蛊惑王子成功时，在半透明的幕布后面映现出了白天鹅，那是吊在空中在手舞足蹈。

所有剧中人物的新颖绚丽的服装，设计也都别出心裁，绝不雷同以往出现过的。美术家李克瑜为这些服装费现出极大的匠心。为了节约，服装上许多漂亮的花饰，干脆是由大家贴上和画上去的。

最后一幕战胜恶魔，没有那汹涌的湖水翻腾，这是因为他们要用舞蹈动作来表达剧情和感染观众，而不愿以机关布景的效果来取胜。

1 1958年《北京晚报》相关报道

2 《天鹅湖》三幕双人舞，高醇英饰黑天鹅，孙正廷饰王子

3 1958年，白天鹅高醇英、王子吴祖捷《天鹅湖》二幕双人舞排练照

115

我们俩相爱了

还是在 1958 年。4 月的北京一早一晚儿仍然带点儿寒意，就算到了 5 月上旬早上，外出也常需要穿上夹克儿一类的衣服来御寒。可毕竟已是阳春三月，桃李已开花，杨柳已成荫。入夜的陶然亭是小青年儿休闲和谈情的好去处，自然也是我和醇英常去的地方。也许是当年治安好，也许是运气好，我们俩从来没有遇到什么麻烦和不痛快的事。我们最爱去的地方是陶然亭公园湖南岸一个小山坡边面对湖水的那条长凳。这处在公园子东南角的小山坡前，还是很僻静的，是聊天谈情的好地方。我们面朝湖水比肩而坐，不论月亏月圆、星繁星稀，海阔天空、随心所欲地闲聊。当然是我说得多，她说得少，她总是静静地听我说东道西。我特喜欢看她跳舞，她有一股吸引人的力量，令我总是看也看不够。多年后她对我说，她也喜欢我跳舞的那股劲头儿。我们俩是从心眼儿里互相欣赏对方。可是我们俩在一起的时候，从来没有夸奖过对方，也从不谈论和舞蹈有关的技术上和表演上的问题。现在想想，也不知道我当时都跟她乱侃了些什么，让她这么爱听。记忆深刻的那天是 4 月 26 号，晚上 8 点多，吃过晚饭后我俩又去了陶然亭公园，还是在小山前的长凳那儿坐下闲聊。这天好像我心里有什么事似的，从一进公园就觉得和往常不一样，可又说不清到底是有什么不同。当我们在那条长凳上坐下来之后，我就开始有些语无伦次了，一会儿说"我今天好高兴"，一会儿又说"我今天有点儿紧张，也不知道为什么"……我已经记不得当时还对她说了些什么，只记得我满脸发烫，全身发热，两只眼睛一秒不离地注视着她。心憋得都要炸了，是该要对她说些什么的时候了。我的心开始"咚咚"地快跳，甚至到狂跳，她似乎还像平时一样，一双眼睛亲切而多情地注视着我。此时我再也憋不住了，我对我的公主——我的醇英说出了我这辈子第一句爱的誓言："我爱你！"声音不大，还有些颤抖……我在等待她的回答，我不知会是福是祸、是喜是忧……过了一会儿，她对我说："我也爱你！"她的声音特别好听。当时我们之间特真挚，也没有谁

1958年春天，陶然亭公园，在盛开的桃花丛中合影

教过，我上前亲吻了我的公主，我们俩不算太紧地抱在了一起，好像还不敢抱得太紧。当时我们俩都呼吸急促，全身发抖，无法自持，也讲不出任何别的话来，足足有几分钟才慢慢地平静下来。平生第一吻竟是如此震撼和难忘。其间没有任何一个人从我们面前经过，没有人来打扰这个神圣的时刻。直到七年多之后，我们结了婚，醇英才告诉我，那天我嘴里的大葱味儿挺冲的。看来事前我还是真的没有准备要亲吻她，不然我总会好好地刷刷牙、漱漱口，或是吃块儿口香糖什么的。要怪只能怪爱神那天来得太突然，小天使丘比特事先也不给我来个信儿。醇英连大葱味儿都容忍和接受了，看来是真爱！

那天晚上我失眠了，脑海里老是翻腾着傍晚的那一幕。不管事先还是当时，我们对未来没有任何打算，多美好、多艰难都没想过。爱就是爱了，执着得很，也盲目得很，不附带任何条件和杂念，也没想过什么物质的需求，完全沉浸在爱情里。第二天一早，我第一个来到了文化课教室，提起笔来给醇英写了一首情诗，写的时候还让她碰见了。要不是

1958 年送给高醇英的照片

怕让同学碰见，我们俩大概又会抱在一起了。可惜那首情诗没能保存下来，不然现在拿出来看看，一定很有意思。

1958 年的小型舞剧《人定胜天》

　　到了 1958 年，社会上到处都是"大跃进"的气氛。在这种气氛的感染和影响下，学校创作排练了小型舞剧《人定胜天》。那时，曾经涌现出过千百首气势恢宏的诗歌。其中有首："天上没有玉皇，地上没有龙王。我就是玉皇，我就是龙王。喝令三山五岭开道，我来了！"还有一个顶天立地的汉子双手推开两座山的大型雕塑。他的艺术形象，成了大伙儿创作和表演《人定胜天》这个节目的精神力量。在这个小舞剧当中，编导们使用了当时流行的颇具艺术味道的称谓，叫小伙子们为"武松队"，姑娘们为"花木兰队"，老年人为"老黄忠队"。老师们大大地发挥了各自编排组合的本领，为男女各个队创作了精彩的舞段。

　　我和教我们毯子功的赵世章老师，表演了剧中的一段"降龙舞"，开始了我们师生间良好的合作。后来在《鱼美人》的排练中，我扮演男主角猎人，赵老师扮演老虎。在打虎一段的开打搏斗中，有一个蹬旋子的特技动作需要两个人的配合十分默契，我们做到了，舞台效果很好。

　　这个蹬旋子的特技第二次展示，是在《刚果河在怒吼》这部舞剧里。我的好友小康是第二个和我合作这个特技的伙伴。他扮演在刚果的一个美国大兵，我扮演的则是刚果的黑兄弟，仍是用在开打场面之中。

1958 年小舞剧《人定胜天》中饰演驯龙人，与朱清渊饰演的老黄忠合影留念

1958 年小舞剧《人定胜天》中饰演驯龙人，与马力学饰演的县官合影留念

作为在下面蹬的人，要借力使劲儿，我要在他蹬地扭身的瞬间，快速用右脚找到他的左胯部，突然猛地发力，使他的旋子比平时腾空高度上升近一尺；而他则在空中用力地挺胸甩抬双臂，扭力比正常拧旋子时要小，左腿跟在右腿之后，在空中向上抬翘的力度要比平时大，这样就会产生一种在空中停挂一瞬间的感觉。我们在私下经过反复而刻苦的练习，彼此之间越来越默契，越来越信任，这个技巧完成得比较出众。

1958年夏，小型舞剧《人定胜天》中，王庚尧饰演驯龙人，与饰演龙王的毯子功赵世章老师表演"降龙舞"的舞段

舞校师生第一次巡演

1958 年的夏天，我们学校带着以《人定胜天》为主的一台小节目，去天津、唐山、秦皇岛、北戴河做为期一个月的巡回演出。在天津我们演出、吃住都在第二工人文化宫。那里白天要演电影，不管你想看不想看，在后台都能听到、看到。有一个片子其中有这么个情节：抗日战争时期，某日，正在大吃大喝的叛徒莫大协被武工队堵在了家中，他赶紧辩称"这是过年剩的，过年剩的"。此后一段时间，大伙儿都会用此开玩笑。如果大伙儿看到谁有好吃的东西便会围上去，被围的人就会说"这是过年剩的"，以博大家一乐。

唐山给人印象最深的就是，如果穿着白衬衫出去走一趟，不过一个钟头，衣服领子就变成"黑白花儿"的了。这跟作为煤都的唐山空气里煤分子的含量偏高有关吧。我们男同学还曾到矿工师傅们的大浴池去洗过一次澡。一踏进浴池，池子底上的一层煤末子多得硌脚，洗完之后，身上反倒比没洗的时候颜色重了。可见矿工师傅们每天要沾上多少煤粉。他们每天下班后去浴池是要冲掉身上的煤粉，我们则刚好涮了一身。这也是一次很特殊的经历吧。

在秦皇岛和北戴河，我们演出之后回到住宿地，"哗哗哗哗"的海浪声在入夜后就特别清晰，像妈妈的催眠曲，伴着我们进入梦乡。因为贴近大海，水气很重，身上很少有干的时候。不常住在海边的人，身上像是潮湿长了毛一样。再加上每天演出身上汗水不断，我腰上长出一圈小红点儿，痒痛难忍。足足折腾了半个月，返京后经医生诊断治疗才慢慢好起来。

来到海边天气又热，怎么可能不想去大海里游游泳呢。一天，大伙儿到离住地不远的海滨去游泳。急匆匆地往前奔，很快我们便来到了海边的大堤上。往前一看，不得了！不少当地的村民——清一色大老爷们儿和小男孩，正一丝不挂地畅快地游泳，还好有这个大堤挡着。眼看走在我们后面的女同胞们就要走上堤顶，大伙儿急忙回身大叫让她们停住，她们很不解地停下了脚步。平时就爱开玩笑的栗老师向着海边急步走去，半真半假地高喊着："鲨鱼来了，鲨鱼来了！"不少人闻之急忙跑上岸。这时栗老师叫他们穿上点儿衣服，并跟他们说："有女同志来游泳了！"他们一脸愕然，喃喃地问道："你们城里人，怎么男女一起洗海澡呀？"在民风质朴、保守的冀东地区，妇女们极少甚至根本没有到海里洗海澡的，洑水这种事是爷们儿的事。

返回北京那天，当地有关部门请我们吃海螃蟹。大伙儿吃着一只只又大又鲜的海蟹，好开心。饭后登车返京，当火车自北戴河开到天津的时候，有一位同学腹痛难忍，只好留在天津就医。原来这位同学螃蟹吃得有些过量了。螃蟹物性寒，不是人人都能承受得住的。吃螃蟹要适可而止，不可太贪嘴。

去山西采风

1958 年下半年，学校创作了一个以刘胡兰的故事为蓝本的舞剧《宁死不屈》。男主角大刚由我和另一个同学分饰一、二组，同班同学王佩英和于学淑扮演胡兰子。我们全体主创人员用了不长时间搭了一个初步的架子之后，就集体到山西省文水县云周西村刘胡兰的家乡去体验生活。导演王世琦、作曲诸信恩老师和我们四个主要演员一行六人，从北京出发。第一站是太原，我们住在山西省歌舞团，向他们学习花鼓和小花戏这些有山西特色的民间歌舞素材。辅导我们的是山西省歌舞团的演员邵亚莉大姐，她知道不少这方面的素材，是个很和蔼、很有耐心的好老师。在那里我第一次见到了头上、胸前和腰上都绑着的小花鼓，打起来还挺不容易呢。小花戏里关于扇子的运用和舞动也很有特点。除了业务上的收获外，生活上也有新的体验。人到了山西就会对醋类的食品产生特别的认识，加入了当地香醋和老陈醋的菜肴，是别处的菜不好比的。醋味儿香、菜味儿香，太好吃了。

几天后我们一行六人离开太原直下文水，到了文水县城之后，改乘牛车去云周西村。那天的天气很好，一路阳光明媚，放眼望去，晋中大地一派银装素裹。望远山白雪皑皑，汾河水冰封雪盖；看近处，树上挂满雪，房上铺满雪，路上更是沟满壑平，可真是冰天雪地。到了云周西村，我们去到刘胡兰生前的家中，拜访了她的母亲胡文秀女士。她向我们讲述了刘胡兰当年不少平凡而有意义的往事。之后我们参观了烈士陵园，在那里我们见到了各种关于刘胡兰事迹的不同艺术表现形式的作品。我们还去了刘胡兰就义的现场。那是中国北方农村一处很典型的村中空地，略成斜坡状的小广场。小广场的一侧是一条横贯而过的大车道，在道北有一座大门朝南的观音庙，它的周围是参差坐落的一圈农舍。谁能想象得出，这里曾经是当年杀害刘胡兰的刑场。通过这次参观访问，大家对那里的自然景观和人文景象有了更直接而感性的认知，至今仍记忆深刻。

自云周西村返回文水县的行程，不知为何安排在夜晚。老牛拉着承载我们六个人和所有行李的大车，在郊野的村路上慢悠悠地往前走。天上飘着毛绒绒的雪团让人联想起歌剧《刘胡兰》里胡兰子唱的"数九那个寒天下大雪……"冰天雪地乘坐敞篷牛车，我们的双脚冻得都快麻木了。于是只好轮流着坐一段车，下来走一段路，好暖和暖和双脚。抬头看，黑洞洞的天上漏下一片片白花花的雪片；低头看看地，白在脚下，黑在前方。只有那盏垂挂在车辕上的玻璃罩油灯的光芒照到的地方，才能分辨出颜色。原来在没有光的地方，连晶莹的白雪也是黑色的。只有那盏油灯，在风雪的暗夜里显得那么明亮而温暖，伴着我们这些"风雪夜归人"。

　　就在这大雪纷飞、刺骨寒风中，在老牛破车颠颠簸簸的路上，王导演给我们这群冻得哆哆嗦嗦的人讲述了一个新剧本的构想。这个剧本就是被本期编导训练班的教员老专家古雪夫老师选作为学员们毕业作品的大型中国舞剧《鱼美人》。听完了王导演对剧本的阐述，我感到很新鲜，剧作的舞蹈性很强，这就把我一下子拉到另一个天地里去了。

　　在我们回到文水县的第二天晚上，同行的男同学突发阑尾炎，剧痛使他蜷曲成一团，完全无法行动。夜已深，在人生地不熟的县招待所里，要找交通工具是很大的难题。于是我自告奋勇把他背了起来，行动之际碰到了他的肚子，他痛得叫了出来，我赶紧把他放了下来，和一位男老师从两旁架着他的双臂，艰难地一步步移到县医院。那里的医生很快给他做了手术。但因并发了腹膜炎，他在那个县医院里治疗了很长的时间才被护送回北京，后才彻底治愈。好在当时有公费医疗保险，不然由个人负担治疗费用将是一笔天文数字。常言说得好："在家千日好，出门一时难。"尤其是出门在外遇上病痛，小病都不方便，要是大病、重病，那真是人生的一大劫难呀！

好校医杨喜平大夫

有一年学校主楼修屋顶，为了方便运送材料，建筑公司在学校正门前上方安装了一个定滑轮，穿一条长长的绳子，用它把装修材料自地面拉到楼顶。为了方便吊装，还在绳子上做了一个绳套。这一切都应该和我毫不相干，但就因为没见过像我这么自作聪明的，这么没事找事儿，所以它就和我有了关系。我想他们既然能把材料拉上去，为什么我不能把自己也往上拉着玩儿呢？说干就干，我把两只脚蹬在绳套子里，用两只手把自己慢慢往上拉。开始还真的把自己拉起来一些，大约升到一人多高的时候，两只脚就不受我的控制了，很快就摆荡到中心线之外去了，我的身体快速从直立状态变成了 45 度倾斜。瞬间来不及反应，身体已经横了空中；接着就是整个人急速下坠，四脚朝天，像个大虾米一样撞向地面。就在腰将着地的时候，因为下降的惯力，我的头不自主地向后猛甩，后脑勺正好碰在水泥台阶的角上，直撞得眼冒金星、脑袋发蒙。我知道自己做了蠢事，赶紧站了起来，对周围的人说"没事，没事"。刚讲完，就觉得脖子后面有一股热乎乎的东西往下流。当时在现场的孙正廷学长一边喊着"出血了"，一边急步上前，用手捂着我的后脑勺，带着我快步向医务室跑去。刚好校医杨喜平大夫在值班，大伙儿七嘴八舌地对杨大夫讲述了我是怎么碰到后脑勺的。杨大夫边听边察看我的伤口，并快速地做了消毒处理，浓浓的碘酒或是双氧水之类的一通儿擦。我一点儿都不觉得疼，整个头都是木木麻麻的。这时杨大夫对我说："你的伤口有两种处理方法。一种是用针缝，可是头皮很厚也很硬，缝起来比较痛；另一种是试着用胶布牵拉的方法。"他一边说一边用手比划着向我说道："在伤口两边固定两条胶带，再像搭井字一样用三四条胶带将伤口拉得合拢起来。"他接着说："如果两三天之后伤口愈合了，就不用针缝了。"我当然同意用后一种方法，这样可以免去挨针扎的痛苦。于是用胶带牵拉法施治，敷上药粉，垫上纱布，再从后到前松紧适度地缠上了绷带。自始至终伤口处都不觉得怎么痛。至今我头上还有一个一寸多长的伤疤，它既让我会想起自己过去的无知和胡闹，又让我想起后来任职北医三院内科主任的杨喜平大夫，想起他在我们学校被大材小用，想起他的高超医术和耐心，以及热忱待人的好脾气。好想您杨大夫，当然不是想让您再施手术，而是多年不见很想念。

可怕的流行性感冒

1957 年年初，一场严重的流行性感冒几乎"放倒了"舞蹈学校百分之八九十的教职员和同学们。学校全面停课，病员被逐个儿隔离。当时尚属于"好人"的是极少数的"稀有动物"，因为大伙儿都变成了病号"不动之物"了。那可真是横倒竖卧的一大片，所有的房间和走廊都充满了消毒水的气味。尖细的、粗壮的、高频的、低调的咳嗽声此伏彼起，"交响""独响""大合响"不时地从一个个教室改成的隔离室内传出来。我们每天能做的事就是吃药、喝水、上厕所、捂严了发汗，以此来跟低烧或是高烧拼搏战斗。往往是体温好不容易要正常了，但只要走动一下，马上又烧到 38 度或更高，又得吃药、喝水再来一回。到后来是浑身上下没有一点儿劲儿，站着、坐着、躺着或是小小地走动一下，都很不舒服。这时候才实实在在地体会到"有什么别有病"这句话是多么有道理。当时还有个办法，在火炉上烧用水稀释的醋液。那醋酸味的蒸气好像可以起到消毒杀菌的作用。至今我们还会在感冒时在家中使用这个方法。在我所知道的没有得病的极少数"好人"里，有醇英和另一个女同学，这两位女同胞是幸运儿。她们俩安然无恙，可以天天去逛陶然亭公园，又不用上课，行动完全自由。所以醇英就利用她可以自由行动的便利，给我买来了一包香甜可口而冰凉的蜜橘，不知羡慕坏了多少我同室的病友们。我吃了这饱含着关怀和爱意的橘子，康复起来好像比别人快了点儿，至少我心里是这么觉得的。后来醇英对我说："唉，我当时应该给大家都买。那会儿真是不懂事。"

另外还有一件也发生在这期间的事：我的一位同班同学，他老爸从东北来探望他，给他带来一瓶很浓郁的具有俄罗斯风味的香水。他把它送给了醇英，醇英很天真地接受了这个礼物。她至今还记忆犹新，那真是非常浓香的高级香水。当时哪有人敢喷香水呀，没有人敢用，那会儿会被说成是追求"资产阶级生活方式"。后来，那瓶香水不慎被人打翻了，整个学校主楼香气袭人，而且延续了许多天。大家都分享了香气。真是香播长远了。

打麻雀

1958 年，麻雀成为"四害"之一。为了除"四害"，搞了一次打麻雀的全民运动，停工停课。我们舞蹈学校也不例外，停止了一切业务课的练习活动、排练以及演出。

师生们都加入了全民打麻雀的壮大队伍之中，那真是万人空巷。从城市到乡村，不分东西南北，不分男女老幼，全民齐上阵。千百万人走上街头庭院，敲锣打鼓，凡是能出声的，不管是锣、鼓、镲，还是盆、锅，统统都敲打起来。大小空地公园广场遍撒毒饵，屋顶树杈上还爬满人，手持长竿，绑上红色布条不停地晃动来驱赶麻雀。时间一长，连人都快有点儿累糊涂了，而可怜的小麻雀，被这项准飞不准落地的"新规定"弄得玩命地飞，直到两只翅膀再也扑扇不动，像个梭子一样坠落而下，个个"硬着陆"，与世长辞。其间还排过除"四害"、打麻雀的宣传舞蹈。舞台上的经典芭蕾独舞《天鹅之死》，都让给了麻雀之死。

过了些年，经过调查和估算，小麻雀吃的害虫远比比它们的伙食用粮多得多，这才从"四害"里除名。

《鱼美人》诞生了

　　老专家古雪夫认为，中国舞的上肢动作和造型韵律与芭蕾舞的下肢动作及足尖技巧的巧妙结合，是世界上最美的舞蹈表现形式。我很有同感。1959 年诞生的民族舞剧《鱼美人》也证明了这一点。

　　据我所知，《鱼美人》的创作过程是这样的：首先由老专家古雪夫命题构思剧本，之后把各幕各场之中的每一个舞蹈段落分配给学员们，让他们分别去构思编舞。在作曲家为此编写出的乐段老专家认可通过之后，学员们分头去编舞，开始排练，基本成型后向古雪夫老师回课，老专家指导提出修改意见，再去修改或重新编排。如此多次反复，直到老专家通过了，才算是交了作业。一个舞剧由十几个导演分工合作，多次磨合精心制作，所以这个舞剧是集体智慧的结晶。正因为是毕业作品，每位编导都竭尽心力地争取最好的成绩，这个舞剧怎么可能不成功呢？

　　我被老专家古雪夫挑选为这个舞剧的第一男主角，我的舞伴是同班同学陈爱莲。在整个排练演出的全过程，我都非常努力，古雪夫老师也很满意。

　　然而在排练《鱼美人》的时候，在第三幕里几段诱惑舞当中猎人的表演和表现方式方面，古雪夫老师却"骂"过我一次。不是因为舞姿或技巧，这些地方他是满意的，而是因为我面对女妖的诱惑之时在形体动作的表现。他通过翻译朱立人老师对我说："你是男人还是电线杆子？为什么对她们的诱惑没有反应呢？"我当时真的被他问得无言以对。因为那会儿没见过表现美女引诱男人的作品，无例可循。我不知怎么回答他才好。说实话，从我们学校的女孩子里很难挑出不好看的来。那些表演诱惑舞的女孩子们，一个比一个漂亮。可是那几段舞的编导们，并没有为猎人这个角色设计编排什么具体的舞蹈语汇和形体动作，只是一种位置上的调度与陪衬，处于从属的地位。为了表现对鱼美人的忠诚，我只能，也可以说只会端着个架子，或冷眼旁观，或怒目而视。在创作的最初阶段，我哪里表演得出什么深度和层次，况且还要以舞蹈语汇恰当地表现出来。老专家讲的是人性层面的体现。可它毕竟离当时的现实生活远了些。被一群美女轮番诱惑的场景，是只有戏里舞台上才会发生的事情。虽然平时我和这些女孩子们很能在一起闲聊，人缘儿还算不错，可是在舞台上我当时确实不知如何表现我的反应。我动太多了，会喧宾夺主；我一动不动也的确会有电线杆子之嫌。这是个需要好好琢磨的命题。

在《鱼美人》剧排练过程中，戏里所需要的中国古典舞或芭蕾舞的动作和技巧，我过去都学过，基本要求也都掌握，完成起来并不觉得太困难。但双人舞的部分，对我和陈爱莲来说，就生疏了不少。没有经过正规、严格的基础训练，就要进入扶和托举的高难度动作，并且许多造型还有着很鲜明的中国舞特点，这对我们就更多了一层困难和考验。在最初排练第一幕双人舞的时候，古雪夫老师设计了一个托举动作，我们俩做了几次都没能完整地做到。他就说："那就改个简单的动作吧。"这句话当时刺痛了我的自尊心，通过翻译朱立人老师，我对老专家说："我们明天就会给您做出来。"这是一句大话，一句不知深浅的毛头小伙子的好强话。对我们俩来说，就相当于不会走路就要学跑。不知从哪里来的一股子傻劲儿，也许是为了民族舞剧科的荣誉感，或者是为了我个人的面子，不要被人看不起吧，我们俩苦苦地练了一天，我的手臂练肿了还仍然坚持。第二天硬是达到了古雪夫老师的要求，我们托举成功了。从此以后老专家没有再提双人舞动作简化的事情。这也算是做了一次初生牛犊吧！

老专家在排练时最爱用的一个俄语单词就是"依秀拉斯"，翻译成汉语就是"再来一次"。整个《鱼美人》排练过程中，不管动作技巧多难，身体已经多疲乏，只要老专家一句"依秀拉斯"，我们就毫不迟疑地重新跳一次。《鱼美人》可以说是在"依秀拉斯"指令声中苦练出来的。

《鱼美人》剧一幕二场海底最后的结尾，在猎人和鱼美人双人舞结束的时候，我站在舞台的正中央，双手将鱼美人高高地举起，她在上面做鱼的造型和游动的舞姿。这会儿24条小美人鱼、6个珊瑚姑娘、3个琥珀姑娘和16个水草姑娘，围绕着我们翩然起舞，为她们的女王和猎人祝福。最后全体从四方面向圆心，单腿跪卧在地。此时舞台上的布景灯光从海底转换成陆地，全体群舞井然有序地隐退下去。这段舞蹈可把我

《鱼美人》序幕

《鱼美人》第一幕　猎人打虎舞

《鱼美人》第一幕　猎人与人参舞

《鱼美人》一幕二场　海底

累坏了，全过程共 32 个八拍，约 3 分钟，我就跟一根木柱子一样，就那么一动不动地傻举着。当我把鱼美人放下来之后，因双臂肩部肌肉强力收缩的时间过久，两只手臂已经完全不用自己发力，自动抬到至少 90 度，刚好做划桨的动作。这个托举动作时间之长，在全世界所有的舞剧里也很难再找到第二个吧！

　　几乎台上所有的演员，不论是我的同班同学，还是低我一两级甚至三级的学生们，不是以注视的目光鼓励着我，就是口中念念有词很轻声地对我喊道："三儿，坚持住！""王庚尧坚持住！""王老师坚持住！"

　　每当听到这些真诚的鼓励的话，我都会力量倍增，心里只有一个念头：坚持住，一定要坚持住！他们都能感觉得到，那是很艰难的 32 个八拍。他们可以看到我在尽最大的努力在控制重心，我的身体在不规则地前后移动，腰部和双腿的肌肉在不停地寻找着平衡点。他们叫我坚持住是在鼓励我，更是一种对艺术和对观众负责任的团队精神和荣誉感。今天看来，不一定非做如此的安排，完全可以再找两个人穿上黑色的袍子而隐去其形托起鱼美人来，舞台上大概也可以得到同样的效果。但是在当时我们是完全不会说半个"不"字，更不会提出与老专家商讨此事。

我的腰受了伤

《鱼美人》第二幕描写的是猎人和鱼美人的婚礼。双人舞之后，猎人还有一段独舞，结尾动作是：我在舞台的右前方做一个左弓箭步，双手前伸做迎向新娘的舞姿，她则从舞台左后跑过来；我们两人四手相握，我快速转身为右弓箭步，同时将她提起来；在我的左后方，她用左脚跳到我的右腿上，做一个斜探海造型。这是个完全靠熟练和默契才能完成的很有难度的双人舞动作，因为在她起跳的瞬间，长裙会挡住腿部的动作，不可能看到我快速变换舞姿后右弓箭步的位置。我们经平时无数次的练习，到演时已经有了很大的把握。很多次演出都完成得很好，而这一次在跳上我右腿的时候，她踩到了裙子的下摆，无法完全直立起来，身体的位置和重心就低了许多。我们当时都没想要临时改一个动作，一心只想按原来设计的动作去完成，无论多困难都要用我的右手臂把她举起来。这样想也就这样做了。我用上身下腰的动作来找力点，并尽可能地伸直右臂，这样我腰就后弯得更加厉害了。然后使足了我平生最大的力气，用单臂把她举了起来。此时，只听到我的腰骨发出"叭"的一声，一阵剧痛从腰部传来。我咬紧了牙关，坚持到应该将她放下来的时候，并完成了二、三幕后面所有的舞蹈段落。只觉得我的上身不由自主地向左侧微微倾斜，想要直立起来就很痛，即便如此，我仍坚持演完了全剧并谢了幕，我的腰自那天起就再也直不起来了。

后来经北医三院运动系的专家们拍X光片，我被确诊为第五腰椎棘突骨折，压迫神经，疼痛不止。经过长时间的针灸、蜡疗、红外线热疗、竹管热疗等治疗法，还是治不好。后来醇英坚持让我去上海，到那家给她医好腰伤的金永卿大夫父子的针灸按摩诊所，做了正骨、推拿按摩才治好。用了一年多时间，我才可以恢复往常的大运动量练习。

《海侠》的"葛尔娜拉"

1959 年，由老专家古雪夫指导排练了第二部大型舞剧《海侠》，醇英也是这个戏的主要演员，她扮演女主人公米多拉的好友葛尔娜拉。这个舞剧"花园"那一场是纯表演性质，纯美地呈现，葛尔娜拉担任领舞。在悠扬悦耳的乐曲中，16 个身穿鹅黄色 tutu 裙、胯上撑开多层短纱的美丽少女手捧花篮，还有 16 个身穿浅紫色小 tutu 裙的小姑娘手持五彩花环。这 32 个仙女般的少女，在舞台上变幻着各种美妙的队形。醇英则是一身鲜艳的橘黄色 tutu 裙，妙曼地舞动在花丛之中，给人飘飘欲仙之感。流畅的舞姿、轻柔灵动的手臂、清晰移动的双脚足尖，都表现了她十分优雅的气质。在花环的环绕中，她用连续多次单腿跳转接足尖上旋转两圈的纯熟技术，将这个舞段推向高潮。

醇英曾对我说："在人民大会堂的舞台上，当我们 16 个少女用单腿向后长跪姿势，把花环向前平放在舞台上，16 个花环自右后到左前方一字排开，形成一个长长的连环花环的时候，就我一个人在人民大会堂的巨大舞台上，从后向前一次次迈入花环之中，在足尖上一步一步向前舞动，真是令人陶醉。"这个片段动作并不复杂，但是每迈出一步的动作感觉很重要，演员的气质也很重要，醇英表演得特别美。醇英说她太享受了。只可惜当时没有录像，也没有照片留下来，只有在脑海中的美妙记忆了。

1959 年，高醇英在《海侠》中奴隶市场上与人贩子（孙正廷饰）的双人舞

1959 年 4 月 22 日，饰演《海侠》中葛尔娜拉的高醇英天桥剧场化妆室中

中国第一套芭蕾舞明信片

1959 年 5 月，上海人民美术出版社出版了一套经典芭蕾舞剧照的明信片，女主演都是高醇英。有一张《天鹅湖》三幕的黑天鹅双人舞，是新华社摄影部中央记者组组长吴化学拍摄的。那时候摄影都是黑白的，彩色照片是用手工涂上颜色的，很奇特。上色的画师是发挥了想象力的，把黑天鹅涂成红色上衣，紫色 tutu 裙，真是红得发紫了。醇英的舞姿上了中国第一套，也是唯一的一套芭蕾舞剧照的明信片，我们当然都非常高兴，也很自豪。这得感谢老专家古雪夫，他负责拍摄剧照时，只考虑芭蕾舞的技巧和形象。专家很清楚，醇英是最棒的芭蕾舞演员，能够代表中国芭蕾舞蹈艺术的最高水平，因此选中醇英去拍摄剧照，用作北京舞蹈学校芭蕾舞剧演出的宣传照片等。

醇英母亲也把明信片寄送给国外的亲友。她替她大女儿醇英在明信片后面题字送给在意大利博洛尼亚的姨妈、姨父和表弟，还用中文替她签了名——高醇英，并且注上了姓名的发音，真是太用心了。

《天鹅湖》三幕明信片，黑天鹅（高醇英饰）与王子（孙正廷饰）双人舞

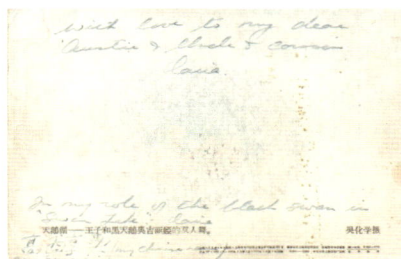

高醇英母亲在明信片上替高醇英写的字　　　《无益的谨慎》明信片

《天鹅湖》二幕明信片，高醇英饰演白天鹅，孙正廷饰演王子

我们毕业了

经过 5 年的艰苦努力，在 7 月我们 1959 届学生以前所未有的优异成绩，从北京舞蹈学校正式毕业了。因为分科，我们六年级分为甲乙两个班，甲班是中国舞科，乙班是芭蕾舞科。两个班做了统一的毕业服，这是由醇英发起并经手办妥的一件事。女同学是白色连衣裙，个个显得清新而美丽；男同学是白衬衫、蘑菇色人造棉长裤，十分帅气。同学们精神百倍、神采飞扬，展现了整齐的团队精神。

我们的毕业考试采用了公开课的开放式形式。凡是舞蹈界的各个团体，都有人出席观摩。我们使出浑身解数，努力把最好的成绩呈现在同行和前辈们面前。我们所表现出来的这些成绩是得来不易的。芭蕾舞的教材虽原来有苏联的一套体系和大纲可供遵循和依托，但我们也都在教学实践中不断摸索和总结。在中国舞教学体系形成的过程中，我和同学们作为老师们的试验对象，一起走过许许多多曲折的路。我们做过把杆上的勾脚小踢腿、完全关上髋关节的探海，甚至在中间做过蹁燕转这一类十分不易做到的动作。不论老师出什么动作，行得通、行不通，我们都全力以赴，即使十次百次地重复也乐此不疲。在建立中国舞蹈自己的训练体系的探索之路上，我们流过数以"桶"计的汗水，有着数不胜数的伤与痛，我们和老师们一起闯出了一条属于自己的路。这也是我们这一代人的荣誉。

公立学校的学生毕业后，一概由国家统一分配。不论中专、大专、大本，都由国家出资培养，吃、住、学杂费全免，学生的责任就是读好书，学好本领。那会儿人才短缺，只有分配不过来的情况，没有人才过剩一说。是否人尽其用，就不是单单业务能力高低所可

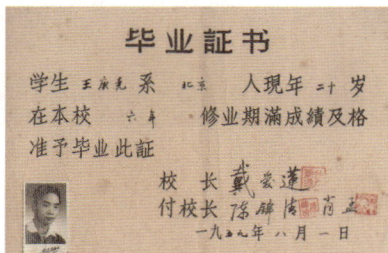

北京舞蹈学校毕业证书

以决定的了，领导个人的好恶，本地、本单位的需要都是会起很大作用的。能分个好单位，遇上一个"爱才"的领导，比找个心爱的终身伴侣还难。

若按文艺团体的评级标准，我们1959届毕业班刚参加工作的新人，每月工资只应在42.5元到48元两级间，具体多少由用人单位来定。我和几个留校任教的同学，则按艺术教育级最低一级的55元起薪，比其他同学多一些。后来赶上一次评级再提一级，便有了每月62.5元的"皇粮"可领。那会儿住公家房，包括水电，每月只要交3到5元左右，只占工资的十二分之一不到，真是便宜。我和醇英两人的工资合在一起，每月共有120元，算是很不错了。由于工作需要，我们几乎每天都穿着练功服，很少有穿生活服的机会，也就很少花钱置装。这样"吃"就成了我们的主调。因为平时忙，都是吃食堂，若自己做饭，则会每次买两毛钱的猪肉，还会请相熟的售货员切块肥的，这样回家还可以炼出一些油来，炒菜的时候就省了些需要油票购买的食用素油。那会儿人年轻，每天体力消耗也很大，从没有想过油脂太多、胆固醇超标这码事。在提供蛋白质和脂肪来源的肉蛋类比较困乏的年代，卖肉的服务员能多切给你一些肥肉，那是交情和好心的表现。

老专家古雪夫老师为了进一步提高醇英和白淑湘的技术和表现水平，使她们能有更多的学习机会，让她们跟下一届毕业班的同学们一起再跟专家进修一年。也就是在这一年，醇英被她的老师们邀请去做进修课的教员。一个刚毕业的学生，就担任了自己老师的教员，这是没有先例的，可是醇英从未以此傲视过任何人，她一直都是倾其所有地教大家，毫不保留。后来她担任剧团主要演员班的教员，大家也都喜欢上她的课。直到几十年后的今天，和过去的老同学们聊起来时，他们还会十分诚挚地表示："我最喜欢上高醇英的课。""她的课对我帮助最大。"

1959年12月31日，舞蹈学校成立了实验芭蕾舞团，也就是今天的中央芭蕾舞团的前身。中国第一个国家芭蕾舞团就此成立了。醇英他们班的毕业生是这个团的创始演员和主力，醇英是芭蕾舞团的第一代首席演员。

1959 年 7 月，中国舞科、芭蕾舞科毕业班全体同学合影于校门前

1959 届六乙班芭蕾舞科毕业合影

1   2
     3

1 1959届六甲班中国舞科全体毕业生

2 1959届六甲班全体男同学

3 舞蹈团学员班小班"三剑客"——
　　曹志光、熊家泰、王庚尧
　　1959年从舞蹈学校以优异成绩毕业

1　20世纪60年代初，与郜大琨、陈铭琦二位教员在舞蹈学校礼堂的示范课上

2　1959年12月31日，北京舞蹈学校附属实验芭蕾舞剧团成立，全体人员在礼堂前合影

3　1958年，北京舞蹈学校的教师校徽

古雪夫和我们的师生情谊

如果不是老专家来到中国，我和醇英都不一定能被挑选上担任大舞剧的主角。老专家古雪夫不管其他，只看业务的好坏，是不是可造之才。能被老专家挑选上，我们心里当然挺高兴，但同时也有些紧张，毕竟是表演大舞剧，所以我们在各自的戏里都很努力。我们对待专业上的事情一丝不苟，绝不含糊。在排练的过程里，老专家对所有表演者的要求都很严格，尤其是对主要演员，更是毫不讲情面，要求近乎严酷。主要演员每天上午的课程一样也不能少，下午几乎每天都有他们的特殊排练时间。从最初学动作，到中期的双人舞的细致配合、独舞技巧技术的反复练习和提高，到后期与群舞的合成，再到演出之前的半个月，每天用来锻炼和增强体能的压缩式通排，也就是从序幕到尾声，所有的独舞双人舞和变奏的所有舞段去掉场面和群舞的间歇，一气呵成，像正式演出一样表演一遍。稍做休息，再从头到尾表演一遍。等到演出的时候，有了场面和群舞部分的间隔，就更可以自如胜任了。除了锻炼超强的体能之外，还要有坚强的意志力才能承担。

我的醇英实在是太刻苦、太好强了，她总是非常出色地完成老专家所教授的动作和技巧，因此老专家从来没有责备过她，更没有骂过她，尽管古雪夫老师很有点儿大松博文的劲头儿。虽然有时候超大运动量的训练使她体力不支，但老专家也不会轻易放弃。有一次在她排练完《天鹅湖》第二幕之后的小休息时，老专家特许她呈一个"大"字形躺在舞台的地板上休息片刻，再继续排练。跳得实在太累，她甚至一边哭一边跳，如此老专家也不放松，直到她跳完为止。

1958 年醇英还是一个五年级的学生的时候，她就在老专家严酷的训练之下，成功地扮演了《天鹅湖》中黑、白天鹅两个角色。在芭蕾舞事业的发展历史上，在这部世界经典舞剧在中国落户的里程碑式的排练和演出过程中，她竭尽了全力，交出了一张亮眼的成绩单。在这年 6 月，《天鹅湖》在北京盛大首演了！

正好 7 月初醇英的母亲带着二妹来北京，想参加北京舞蹈学校的入学考试，非常想看女儿主演《天鹅湖》。老专家非常善良，当他得知醇英的母亲到北京来了，就特地安排醇英在那天晚上演出，这样可以请母亲、二妹来观看醇英主演《天鹅湖》。

在排练《天鹅湖》和《海侠》两部大戏之余，与老专家同时来华的双人舞专家尼柯莱·尼柯莱耶维奇老师，还给醇英和祖捷他们俩排练了《胡桃夹子》中的糖果仙子五人慢板 Adagio、《曲调》《蓝鸟》和《唐·吉诃德》这几个风格迥异、技巧完全不同的经典舞蹈。五人慢板舞中王子和他的四个好友与糖果仙子配合默契、造型优美的扶举，在柴可夫斯基脍炙人口、优美动听的乐曲烘托下，如梦如幻，美不胜收。《曲调》的特点是轻柔舒展，如行云流水，像电影慢镜头一样的缓慢托举动作对两位表演者的力量和重心的要求十分严格。《蓝鸟》这个双人舞，要求两位表演者要有很好的跳转基本功。没有助跑的多次干拔就地中跳双腿打击动作，既十分吃力又不特别叫好，还是挺考验人的。

这些都是专家传授的古典芭蕾舞中的经典片段。他们两个人排练好之后，专家就让他们给同学们示范表演，再给其他同学排练同样的舞蹈。当醇英他们掌握得很熟练可以上台演出的时候，双人舞专家又为他们俩排练了另一个西班牙风格的舞蹈——经典舞剧《唐·吉诃德》中的大双人舞，这个舞蹈技巧性很强，运动强度很大，节奏感鲜明，对旋转和托举技术要求很高。例如：男伴用单手托举女伴在空中成"第一阿拉贝斯"抬后腿的姿势，自台左前角跑到右后角，轻柔地放下舞伴，并准确地接下面的舞段。这是一段高难度的技巧，动作之规格、配合之默契，不允许出丝毫差错，他们完成得一直很好。这个舞蹈是一个标志性的节目，它标志着一对男女演员所具备的世界级高技能成熟度。当时这个节目就没有其他同学可以胜任，他俩是唯一能够表演的学生。

在老专家离京返回的前夕，有一次《吉赛尔》的演出结束之后在舞台上，他把吉赛尔的扮演者和醇英叫到一起，指着醇英亲切地对那位主要演员说："你要向高醇英学习。"老专家对醇英如此高的评价，是醇英当时没有想到的，那也是老专家对年轻的中国芭蕾舞演员的鼓励、鞭策和期望。

《唐·吉诃德》双人舞
高醇英与吴祖捷单手
托举跑

老专家古雪夫排练《海侠》工作照，左起：岑映萍、王少本、高醇英、刘庆棠、白淑湘、王世其

老专家古雪夫与岑映萍、白淑湘、高醇英排练《海侠》

1 主要男演员与古雪夫老师
　　左起：王庚尧、李承祥、孙正廷、古雪夫、吴祖捷、王家鸿、张旭、邬福康
2 与老专家古雪夫在北京机场
3 1960年，在北京机场欢送老专家古雪夫回国
　　左起：陈锦清、诗人萧三、古雪夫、萧三夫人、戴爱莲
　　后排右起：高醇英、王庚尧、孙正廷

中南海舞会

1959年秋天，我和同学们被邀去中南海里的春藕斋为首长们表演节目，为他们的舞会助兴。在那里我们见到了毛泽东、刘少奇、朱德三位国家领导人。第一次到这样的场合演出，和他们这么近距离地在一起相处几个小时，事后想想觉得像做梦一样。在会场里每当首长们跳几支舞之后小休息时，我们就会演出一两个小节目。

有一次当我们表演完《蛇舞》，我和陈爱莲走了上去，她问主席："您喜欢这个节目吗？"他对我们说："好，善与恶的斗争嘛！"言简意赅，一语中的。自己的表演得到了首长的喜欢和肯定，我们都特别高兴。时隔几十年了，当年的情景还历历在目。

朱德老总那天身穿一件非常普通的老年人常穿的深咖啡色、带黑色压边的厚绒衣。他总是安详、慈爱地微笑着。谁能想到我们面前的这位老人家，就是当年指挥千军万马的朱总司令呢。刘少奇主席也总是面带笑容地坐在沙发里喝茶或吸烟，十分安详。这就是国家的主席，他就在我们的身旁。

那天舞会进行中，有位领导对我说："小鬼，去请你们老院长跳一个舞嘛。"我问他："谁是我们的老院长呀？""那不是嘛！"他用手指了指一位正在和别人跳舞的中年妇人。我有些不解地问了一声："她？"他说："你原来不是中央戏剧学院舞蹈团的学员吗？"我"嗯"了一声。他又对我说："她就是那会儿中央戏剧学院的老院长李伯钊，明白了吧？"这时我才恍然大悟。因为当年学院院部和舞蹈团不在一起，我们这些小学员也没有什么事情要去见院长，所以是只知院长其人而未曾谋面。当第二支舞曲奏响的时候，我就请李伯钊老院长跳了一支舞，边跳边和她聊天。我对她说："那位首长跟我说，您是我们的老院长。"她"哦"了一声。我说："我小时候在戏剧学院附属歌舞剧院舞蹈团学员班学习，所以是您的老部下。"她听了很高兴，并问我这几年在哪个单位工作。我告诉她："我从舞蹈学校刚毕业不久。"老院长又夸我们今天表演的节目很好看。我请她有机会来看我们演出的舞剧《鱼美人》。李伯钊老院长像长辈跟自己的晚辈聊家常一样，那么和蔼可亲，我们交谈得很开心。后来我才知道，那位让我和李伯钊老院长跳舞的领导是周荣鑫秘书长。

后来我们还在这里遇见了侯宝林、郭启儒两位前辈，他们在舞会上为大家表演了相声，引得所有在场的人一阵阵欢笑。

参加周总理的国宴

1960年1月，我和陈爱莲接到周恩来总理办公厅发来的请柬，要我们出席欢迎缅甸总理奈温将军的国宴。我们是第一次参加这等最高规格的宴会，对我们来说是一种很高的荣誉。我们是乘公共汽车去参加国宴的。不知道多少次在电影里见到周总理在国宴上的身影，可是当我自己真的身临其境来到国宴的现场——人民大会堂宴会厅的时候，那种感觉还是很不一样的。心里觉得特别高兴，也充满了自豪；又觉得如梦如幻，不敢相信是真的。总理办公厅寄来的请柬和国宴菜单我一直保存着，留下一段难忘的记忆。

1962年2月，我和学校一些老师应邀去人民大会堂参加周总理为在京的文艺界人士举办的元宵节庆祝会，到会的文艺界人士近千人。总理请大家吃元宵，在会上勉励大家过好政治、生活、艺术这三关，并就此做了深入浅出的阐述。

晚会由侯宝林先生主持，他在舞会开始不久——一支舞曲结束时，高声地向大家宣布："下一个节目是总理给大家唱《洪湖水浪打浪》。"大家当然非常热烈地鼓掌，因为从未听过总理在公众场合唱歌。掌声还没有落下，乐队就奏起了《洪湖水浪打浪》的过门儿，大家就更兴奋了。这时总理"哈哈哈"地大笑起来，并把《洪湖赤卫队》的主角韩英的扮演者王玉珍叫到身边，和她共舞。大家都随着洪湖水的乐曲，围绕在周总理的周围欢快地起舞。虽然没有听到总理唱歌，可是大家度过了一个难忘的元宵佳节。

1976年年底，我们舞剧团去人民大会堂小礼堂演出《拉木歌》。演出结束之后，演出团收到一张参加当晚国宴的请柬。团里业务秘书宋世水大哥征求大家意见，由谁去参加国宴。经宋大哥提议，来演出的各位兄弟们无异义地同意让我去参加国宴。虽然在我们演出的节目里我担任领舞，可是缺了谁，这个节目也演不成。所以我打心里感谢大家的厚爱，受之不安，却之不恭。因为事前毫无准备，我平时又不是很在意自己的衣着打扮，没有正装参加国宴。同事中凡是和我身高体形差不多的、穿了较顺眼衣服的，都拿来自己的衣服让我试穿。大伙儿真的够意思，让我心里热乎乎的。因为时间太紧，宴会开始在即，我穿着借来的一身衣服，直接从大会堂自小剧场走到了宴会厅。和我同桌的人在交谈时都很感慨，对今天能来参加国宴大有恍如隔世、不可思议之感。此后我经常在心里回想起第一次参加国宴的情景。我曾亲眼见到周总理英武的身影，聆听了他亲切的祝词。

学校里的业余京剧团

　　大约在1960年，以中国古典舞教研组的唐满城、张佩苍老师和赵世章等几位毯子功老师们为主，加上我们一批年轻教员和中国舞科的一些学生，学校成立了一个业余京剧团，前后演出过几部武戏。有一次唐满城老师在《八蜡庙》里扮演费德恭，这个角色所使用的行头，尤其是那把漂亮的折扇，是由杨爷杨小楼的女婿刘英芳老师提供的。当年杨爷演出用的就是这把大折扇，十分有气魄。我们这些业余京剧演员则是跟着凑热闹，跑跑龙套、翻翻跟斗、打打刀枪把子，体验一下演京剧和跳舞蹈有什么不同。为了逼真，我们大伙儿真的像专业演员一样都"扮"了起来——扎水纱、吊眉毛、戴罗帽。全扮好不到半小时，脑袋就让水纱给勒得已经全麻了，脖子开始发直，胃里也开始翻个儿。到了台上翻出场的时候，由于脖子发直头在空中几乎不会往后翻，着实吓了一跳，赶紧猛抱双腿往后一拉才算翻了过去。我的天哪！

　　出于好奇和想尝试新鲜事物的心理，我还练习过扎大靠、耍长枪大刀。那完全是不同的体验。扎靠那真是地地道道的五花大绑，大靠不扎紧会不随身，靠旗会乱跑；扎紧了靠旗是不动了，可是气都快喘不过来了。可以想象表演大武生的演员有多难：头上扎水纱、戴盔头，绑上大靠再穿上厚底靴子，全部装扮好再要唱、念、作，打，身段、技巧，把子功、翻跟斗，没有十年八年的苦练实在很难玩得转。我们只不过是体验了一把，对不少动作劲头儿的拿捏有了不少感性的体验，从中得到了不少收获。

第一次出国演出

1960 年年初，我跟我的老舞伴陈爱莲接到学校领导的通知，让我们参加中国艺术家代表团去苏联访问演出。团长是我们舞蹈学校的萧孟校长，舞台监督是芭蕾舞科的陈伦老师。演出节目在舞蹈方面有我和陈爱莲表演的双人舞《牧笛》，她的独舞《春江花月夜》和我的独舞《炸碉堡》，我和东方歌舞团崔美善表演的《新疆舞》，还有全总文工团石平、张本仁、李茂阶三位表演的《狮子舞》；声乐方面有上海合唱团的女高音董爱琳和云南的民歌女歌唱家黄虹；器乐方面有雷雨声的古筝、刘明源的板胡、刘森的笛子，以及由新影厂乐队的几位演奏员组成的乐队伴奏。全团人员集中住在东四旅馆，这样方便排练演出和团里各项活动的展开。出发之前，有例行的联排和审查演出，这些都按部就班地进行。这期间要为出行置装，每人量身定制两套西装。这是我第一次穿西装。此外还要到对外演出经理公司的仓库去挑选大衣、皮帽子等。从里到外要装备齐全，这样才能适应俄罗斯寒冷的冬天而不会受冻。醇英特别喜欢我的那件七分长、非常得体大方的呢大衣，我穿上很帅气。

那天，醇英和艺术团其他成员的亲友们一起到机场来为我送行。大家一起吃过早餐后，我怀着兴奋和不舍的心情，和醇英他们一一道别，登上了苏制"图-104"型喷气式客机。据说这种飞机原是苏联空军的喷气式轰炸机，为了抢在资本主义国家之前让喷气式客机先飞上天而匆忙改装成的。它的两个喷气筒紧贴在机身两侧的机翼下方，飞行中向后喷出的气浪使机身后部震动的幅度和频率都很大。那会儿不懂，还以为飞机飞行就是如此。

"图-104"发出了震耳欲聋的轰鸣，冲上了北京寒冷而晴朗的天空。经过近三个小时令耳朵和鼻子都感到生疼的飞行，我们到达了第一站——中国正北方境外城市伊尔库兹克。在这里停了一个多小时，所有乘客在海关办理入关手续。才刚刚过了三个多小时我们就到了另一个国家，耳听、眼见的都不一样了，这里就是老大哥苏联吗？因为是第一次迈出国门，心里觉得一切都很新鲜，也很有意思。两只眼都不够使了，东瞧瞧、西看看，不论街道房屋、人的穿着打扮、文字招牌，就连海关大楼里的味道都跟北京不是一个味儿。过关手续办得还算顺利，等候时间不太长。大家再次登机，飞往第二站奥木斯克。这个城市在苏联国土的欧洲、亚洲分界处。在这里又停了一小时左右，上下客人、添加油料等。天气开始转阴，天空开始飘起了不大不小的雪花，照例我们又要起飞了。第三站才是我们的目的地莫斯科。当我们的飞机降落时，当地风雪交加，从机窗望出去，到处是白茫茫的一片。驾驶员做了几次侧俯冲强行下降，像是在开轰炸机，但又被风雪一次次地托起、抛下，还是没有降落到地上。经过一整天三起三落，近十个小时的飞行之后，不少人有些筋疲力尽，终于有人"哇哇"地吐了起来。一闻到呕吐物的刺鼻味道，就会产生连锁反应，"哇哇"之声此伏彼起。最后我也忍不住了，加入"哇哇"的行列了。

飞机终于平安地落了地，大伙儿深深地舒了一口气。从机场乘大轿子车，在风雪之中来到红场附近一家旅馆。我和陈伦老师分在一个房间，安排好房间之后，我就疲惫不堪地直接瘫在了床上。倍儿软的床垫让人忽地一下子就像又坐进了飞机，好像又在上下颠簸似的，弄得人脑袋又"嗡"了一下子。还没消停多大会儿呢，又被喊去吃饭。于是赶忙梳妆打扮，尤其是女同胞，擦擦粉、补补妆才能出门见人，任何时候也不能丢面儿！这第一顿俄式的晚餐，正是北京时间的夜宵了，味道挺地道，就是油性和奶味儿挺重，折腾了一天的胃有点儿不受用。饭后不容喘气，又麻利儿地去看戏。当晚七点半，我们被送到莫斯科大剧院去观看他们演出的《天鹅湖》。坐在剧场里，人就像坐在云端，还在随着飞机上下颠簸一样头昏脑涨，就是这样我还是尽最大的努力看他们的精彩表演。我很自然地想到了醇英表演的《天鹅湖》，她也是同时扮演黑、白天鹅两个角色，很不容易。整个舞剧的编排和北京芭蕾舞团演出的是一个版本，尤其是王子和天鹅的双人舞。因为是经典之作，表演几乎完全一样，所以看表演的时候也觉得很亲切。这漫长折腾的一天令我非常疲惫，我在上下眼皮打架的情况下看完了这场演出。至此结束了到达苏联第一天的生活。这是难忘的一天，如在梦里的一天。原来在杂志、图片或电影里看到过的红场、大剧院一下子真的出现在面前，我还行走在红场上，坐在大剧院里看演出，怎么能不像梦境呢。

第二天我们开始排练走台，第三天就开始了在莫斯科的演出。最叫人不习惯的是，他们舞台的地面都是从后往前向下倾斜的，无论跳跃还是旋转都要有个适应的过程。这期间除了每晚的演出，白天还安排了许多参观活动。我们去莫斯科大学参观，走马观花地参观了宏伟的校舍。在列宁山上俯看了银白色的莫斯科城。城

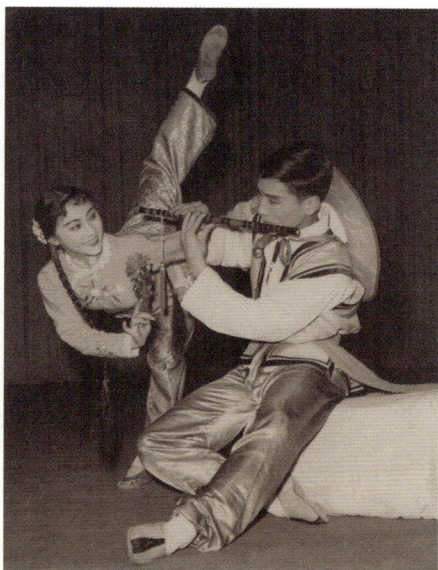

1960 年赴苏联演出的节目之一《牧笛》（王庚尧、陈爱莲表演）

内特列季亚科夫美术馆里俄国现实主义绘画大师们的名作，看得真叫人过瘾。一幅列宾的《伊凡雷帝和他的儿子》，以其宏大的画面、强烈的色彩、别具一格的构图，震撼着每一个前来参观的观众。当然还有许许多多的名画佳作，让人大呼不虚此行。驻苏联大使馆的文化官员，还设宴为我们一行人接风。苏方的接待人员有：演出公司派来的负责人胖子阿廖沙、翻译尤拉和女报幕员拉亚。

自莫斯科南下，全部行程都是乘坐火车。一个半月的时间里，我们前后去了土拉、库尔斯克，疗养胜地克拉斯那达尔、阿斯特拉罕，南俄里海滨疗养地马哈契卡拉，还有英雄城市斯大林格勒。土拉虽是一个中小型城市，但是因为彼得大帝当年在这里设立了兵工厂而声名远扬。在这座兵工厂里，陈列着俄国从古到今的各种兵器。早年工匠们还特别为彼得大帝的手掌翻了一个凹型的模子，个头儿挺大，按手的比例算他的身高应该有 1.9 米以上，他那一双高筒靴子的尺码应该在 43 到 44 码之间。据工厂的接待人员介绍说，当年俄国工匠的工艺水平是很高超的。

1960 年 2 月，在莫斯科拜访查普林老师

1960 年 2 月，在莫斯科大
剧院

1960 年 2 月，在莫斯科参观特列季亚科夫美术馆

当年某一个国家的君主送给沙皇几支机械的、会爬行的小跳蚤，以显示其工艺之精密。俄国的工匠们则给每个跳蚤的几只脚上都做了小小的鞋子，更突显了他们工艺之精细。工匠们还做了一把花生米大小的小手枪，它能发射子弹，还曾给某国的皇后、公主之类的贵夫人穿了耳垂的洞洞，也就是咱们说的扎了耳朵眼儿。不管是真是假，听起来还是很有趣的。

列夫·托尔斯泰庄园的名字叫作"雅斯纳亚·玻里亚纳"，在距土拉城郊 20 公里的地方。周围是茂密的森林，粗大的椴树、菩提树，高大的枫树和白桦树，覆盖着皑皑白雪，环绕的河流、几个小湖泊也已银装素裹。老托尔斯泰的庄园就建造在这片森林之中。它是用粗大的原木造成的二层俄罗斯式农舍，白绿两色油漆的外观与周围的景观融合在了一起，非常像圣诞卡上的景象，和平安详，真的好美好美。还有一个高高悬挂在树端的铜钟，因年代久远，已被不停生长的树干包裹了起来，镶嵌到树干之中，成了奇妙的一景。在列夫·托尔斯泰的故居里，我们参观了他写作的房间。在这幢房子的底层、房间的两侧各有一个小窗户，光线并不很充足，从壁炉里溢出阵阵热浪。他写作的桌子是一个三尺长二尺宽、很平常的小木桌子，还有一把木椅子。看着这些古老的家具，看着当年盖在老人家腿上的大毛毯，当年他写作时用的纸、笔和墨水瓶，我仿佛看到了一位鬓发皆白的老人家在奋笔疾书。《安娜·卡列尼娜》《战争与和平》《复活》那些光辉不朽的篇章就在这里诞生。我好像闻到了他烟斗里飘出的幽香，也好像尝到了那招待客人的滚烫的俄式红茶。人们说："托尔斯泰是俄国的良心，他的作品是俄国的一面镜子。"我们这些来自东方文明古国——中国的客人，今天是慕名前来拜访这位俄罗斯大文豪的。

告别了土拉，我们去了库尔斯克和克拉斯那达尔两个城市。第二次世界大战时期有名的库尔斯克战役，苏德双方几千辆坦克就是在库尔斯克的平原上展开了激烈的生死搏斗。苏联红军取得了这一重要战役的胜

1960 年 2 月，在托尔斯泰庄园留影

利。克拉斯那达尔则是个疗养胜地，冬季到此，天、地、房子和树木一片白茫茫。要是想看风景，还是得春夏秋季来，才更有看头儿。我们在这两个城市的演出同样获得了成功，这是我们的本职工作，必须全力以赴。接下来我们去了库班地区，因为是冬天，我没有见到"金色的麦浪和开满鲜花的田野"。因为库班地处南俄，天气比较温暖，我看到了冰雪半融、略带黄色的土地，还看到农庄里一圈圈的肥猪，一个比一个壮。当年《幸福的生活》那部电影里所描写的花团锦簇的金秋，到处是丰收的粮食和瓜果。这边是众多俊男美女、白发老人与活泼可爱的孩子们，拉起手风琴，跳起俄罗斯民间舞；那边是小伙子们骑着骏马，一匹匹从欢乐人群的野餐桌上飞越而过，大家举杯欢呼。这些热闹而盛大的场面和今天冬日里只有满眼黄土、带着片片白雪的土地反差很大，我心里不禁有些失落。毕竟我们是远方来的贵客，在参观过农庄的设施之后，农庄的领导特别为我们做了驰名海内外的罗宋汤，即俄罗斯的牛肉红菜汤。端上来一看，哎哟，世界上竟有如此稠厚、如此大油大肉的浓汤。每盘汤里都有半寸厚、三寸见方的大块儿牛肉，足足有两三大片，再加上红菜头、洋白菜，土豆儿和浓浓的牛油。能喝得下两盘的实在不多，一般饭量的一盘就饱，别的饭也就不用再吃了。

像所有的避暑胜地一样，地处南俄里海之滨的马哈契卡拉和阿斯特拉罕两个城市，最好是夏天来。站在冬天的里海边上，阵阵海风吹来，冷得叫人发抖。没敢多待，算是到此一游吧！

斯大林格勒，也就是如今的伏尔加格勒，就不同了。这是一座反法西斯的英雄城市，在有些建筑物上仍可以看到当年激烈的攻防战所留下的弹洞，特别留下的几幢建筑的残垣断壁，见证着当年战争的惨烈。在伏尔加河边高地上的烈士陵园的土地里，很容易找到当年留下的枪炮弹片。沿着伏尔加河的堤岸上，建有许多英雄烈士的半身雕像，给这座城市增加了许多文化艺术气息，令人敬仰的肃穆之情油然而生。烈士陵园所在的马马耶夫高地，当年红军战士和德军士兵近万人在此丧失了生命。世界应该消灭战争。今天在陵园的至高点上，有筑起的巨大基台，上面矗立着52米高的红军女战士的雕塑像。她右手高擎，巨剑直指苍穹，左手向左后方平展，身体向左侧回转，头转向后方，像在召唤着战士们为了祖国前进。她身后的斗篷迎风飞扬，十几里之外都可以看到她威武的身影。这是俄罗斯学派现实主义雕塑作品的典范之一，名曰《祖国母亲的召唤》。

正因为斯大林格勒是一座英雄的城市，为表达我们的敬意，艺术团特别推出了《炸碉堡》这个颂扬英雄主义精神的节目。观众反应非常热烈，演这个节目我会很累很累，但是我心里很高兴。苏方接待我们的负责人胖子阿廖沙，在演出后很高兴又假装生气地跟我说："王，你藏起一个好节目不给我们看，为什么？"我心想，要是每场都演这个节目，还不把人累瘫喽！谢谢我们的艺术团团长肖孟校长对我的关心和爱护。

我们艺术团演出所到之处都十分受欢迎。作为一个演员，对观众的真实反应是完全能感觉得出来的，出于政治因素、出于礼貌的掌声和出于喜爱的掌声是很不同的。观众是真正喜爱我们中国艺术家的高超精彩演出，从心底里鼓掌叫好。我们团的所有的艺术家们都是一流水平，这

1960 年 2 月，在基斯拉沃斯克参观

在里海边城市马哈契卡街头，与当地小宝宝一起

在库尔斯克，库班地区，集体农庄办公室

与演出团团长、北京舞蹈学校肖孟校长在休养胜地克拉斯那达尔参观

些国外观众很有眼福。我们听到观众的热烈鼓掌，也都非常开心。我们每次都频频谢幕，还"下不了台"。台上一分钟，台下十年功，所有的汗水、下的苦功夫都没有白费。

1960 年 3 月，在斯大林格勒伏尔加河边

在斯大林格勒演出《炸碉堡》

在斯大林格勒

《鱼美人》登上美国舞蹈杂志

　　无论如何也不会想到，在当时对西方国家消息完全封锁的时代，我们第一部中国民族舞剧《鱼美人》诞生的消息，居然会传到美国舞蹈界。纽约出版的世界上最著名的《舞蹈》杂志，在 1960 年 3 月，刊登了两大页一整版的介绍文章以及我和陈爱莲的双人舞等剧照，赞扬了这部由苏联专家带领中国舞蹈编剧导演的、美妙的大型新舞剧。

　　当时我们并不知道这个著名的舞蹈杂志刊登了《鱼美人》的报道。几十年之后，我的儿子在美国上中学，去休士顿公立图书馆学习时发现了这本杂志，就做了一份影印件给我。我这才知道，也非常高兴。

The Maid of the Sea gratefully invites the Hunter to her home in the sea.

Left:
A joyful pas de deux is danced by the Hunter (Wang Keng-yao) and the Maid of the Sea (Chen Ai-lien) when they are at last free from the menace of the goblin.

DANCE MAGAZINE May 1960

CHINESE BALLET EVOLVES

The Hunter (right) kills the mountain goblin, rescuing the Maid of the Sea (left).

A classic pas de deux in a Chinese fairy tale, a folk dance on stilts à la seconde, pirouettes in discreet chiffon pants beneath a Chinese lantern—like eating paté de fois gras with egg foo young?

As these photos from Red China show, the combination of Chinese movement stylization and the classic ballet does not look nearly as strange as it sounds. It has, in fact, a fascinating charm all its own.

In the capital city of Peking, a full-evening ballet titled *Maid of the Sea* was recently premiered by students of the Peking State School of Ballet (see May '57 issue for class photos of this Soviet Union-oriented school, which combines academic and dance training). The music for the ballet was played by a Western-type orchestra of sixty students from the Peking Central Conservatory of Music. The production was directed, according to our report, by "Soviet expert" P. A. Gusiev.

The libretto of the ballet reads: "The Maid of the Sea, the heroine of the ballet, came to the seashore every morning where she met and fell in love with a hard-working and brave young hunter. However, the wicked mountain goblin tried with all means to obstruct the marriage between this pair of young lovers, because he wanted to seize the attractive young maid. Finally the young hunter killed the mountain goblin and married his beloved."

DANCE MAGAZINE May 1960

1960 年 5 月，美国纽约出版的《舞蹈》杂志，大篇幅报道了中国舞剧《鱼美人》。
左上：王庚尧射向恶毒的山妖；右下：王庚尧、陈爱莲第一幕双人舞

赴哈尔滨演出

　　1960 年 8 月，实验芭蕾舞剧团第一次离开北京，到哈尔滨去演出。哈尔滨有个别称——"东方小莫斯科"。因为市内有不少俄式建筑和商店，有浓厚的俄罗斯味儿。醇英他们团去那里巡回演出，只在剧场门前拍过照，以示到此一游。因为演出负担很重，她很注意平时保存体力，也就较少外出，对哈尔滨的市容市貌她也没有投入过太多的注意力。

　　说起她演出的负担，那分量真是很大：演出上半场的压轴是她和祖捷表演的《唐·吉诃德》双人舞，二十几分钟的中场休息之后就是她主演的中型诙谐舞剧《无益的谨慎》。不论《唐·吉诃德》双人舞中的扶举，还是个人独舞变奏的技巧，或是《无益的谨慎》剧中的表演和跳转

芭蕾舞剧团在哈尔滨合影

技术，都需要充分的体力与精神的高度集中，醇英每次都跳得很精彩。那个年代是醇英的辉煌时刻，每到她上台表演《无益的谨慎》剧中的丽莎时，总有许多同学同事们在侧幕边观看和欣赏。我也是她的粉丝，她演的丽莎，我也总是看不够。

　　芭蕾舞剧团在哈尔滨演出时，正巧中央乐团也在该市巡演。一次在两个团的联谊会上，中央乐团的名指挥李德伦曾邀请醇英共舞一曲。李指挥高大魁梧的身躯和高醇英小巧玲珑的身影，在一起翩翩起舞是很有意思、很风趣的场景，醇英至今记忆犹新。醇英的两位叔叔——担任上海交响乐团首席的十一叔叔高士恕和广州交响乐团首席小提琴及指挥的十六叔叔高士衡，都和李德伦相识相熟。说起来李指挥还算是醇英的叔叔辈儿呢。

醇英的表演震撼了瑞典皇家芭蕾舞团

　　1960 年 11 月，瑞典皇家芭蕾舞团来中国演出。他们刚到中国的时候挺傲气的，有些看不起中国的芭蕾舞。他们认为莫斯科大剧院排第一位，他们则是第二位，很谦虚而客气地把中国芭蕾舞排除在外了，言下之意说我们的芭蕾舞不入流。他们的客气里带着高傲，有种看不起年轻的中国芭蕾舞同行的疏离感。他们在京期间，我们舞蹈学校很热情地邀请他们到校来观看一套参观课的表演。在校长致欢迎辞之后表演开始。先是中国舞部分的表演，这对他们来说完全是两个系统，两种风格、韵味，但是瑞典同行们也不得不感叹中国舞的多彩、东方的情调与高超的技巧。而真正震撼他们的是醇英和吴祖捷表演的压轴戏——技术高超的《唐·吉诃德》舞剧中的双人舞。他们两人各自的技巧之熟练、优美和动作难度之高，看得他们目瞪口呆、五体投地。祖捷的 90 度旁腿原地转二十几个圈、醇英旁摆腿原地转 Fouetté 32 圈、单臂托举，都是那么完美、精致。他们的精彩表演令瑞典皇家芭蕾舞团的同行折服，令他们全都热烈地鼓掌。他们完全没有想到，中国芭蕾舞蹈家有这么高的水平，比他们跳得还好。从此以后他们的神情就再也不高傲了，都变得很谦虚、很友好亲切了。

1960 年 11 月，演出后瑞典同行们在友好的气氛中和中国的舞蹈家们在舞台上合影

招待外国元首的芭蕾舞演出

一些国家元首访华，周总理会邀请他们来观看经典芭蕾舞剧。1960年12月17日，柬埔寨西哈努克亲王在周恩来总理的陪同下，到天桥剧场观看芭蕾舞剧团演出的《海侠》。演出之后，当西哈努克上台跟醇英握手的时候，醇英觉得好像是跟自己的父亲握手，因为她父亲跟西哈努克亲王长得很像，甚至我们的朋友都开玩笑把他叫作"东哈努克"。醇英说，亲王的手很软，软得像棉花一样。

周总理跟醇英握手的时候，亲切地问她："你就是那个跳天鹅舞的吧？"醇英惊喜不已，开心地点头说："是的。"想不到周总理还记得，醇英在五年前曾在中南海内怀仁堂的剧场，表演了《天鹅湖》二幕的白天鹅独舞。周总理真是有超人的记忆力。首都舞台上第一个芭蕾"白天鹅"也给周总理留下了深刻的印象。那是醇英进北京舞蹈学校之前的事情了。

周恩来总理（右二）陪同西哈努克亲王与夫人观看芭蕾舞剧《海侠》，主演高醇英（第二排右四），宾努亲王（第二排右五），陈毅副总理（第二排左五）

阿丽西亚为醇英排练《无益的谨慎》

　　1961 年春，有一件事情对芭蕾舞剧团和醇英都很重要。这年 4 月，以费尔南多·阿隆索先生为团长的古巴国家芭蕾舞团来华访问演出，这个团的主要女演员就是世界著名的芭蕾舞蹈家，也是身为团长夫人阿丽西亚·阿隆索女士，她舞姿优美，表情丰富而迷人。据说阿丽西亚女士的双眼视力都很差，但她在舞台上表演时，台下的观众根本就感觉不到她有眼疾，不知她用了多大的毅力和努力才能做到。在他们访华演出的节目之中也有《无益的谨慎》这部舞剧。但是古巴版的与 1957 年查普林专家的版本不太一样。在剧情处理上，他们这版增加了两个洋媒婆，女主角的动作处理上带有更丰富的喜剧色彩，动作俏皮而活泼，带有浓浓的生活气息。头饰也为了更突出丽莎的少女形象，增加了两个压耳的圆发髻，中间绑上天蓝色缎带再配上服装很抢眼，丽莎的性格更突出，喜剧效果也更鲜明。为此芭蕾舞剧团决定，将这部新鲜有趣而讨人喜爱的舞剧吸收过来。

　　1957 年饰演男主角柯连的师兄孙正廷这次被任为复排导演，而女主角丽莎仍然由醇英扮演。古巴芭蕾舞大师阿丽西亚还来到舞蹈学校，亲自给醇英传授了丽莎所有的舞段和有趣的哑剧表演动作和表情。男主角柯连由吴祖捷扮演。他们两人精美的个人技巧和配合默契的双人舞技能，为这部形式新颖的舞剧增加了光彩。孙正廷和阿丽西亚把舞剧整体记下来，为大家排练付出了许多心血。由于从导演到演员，都有 1957 年版《无益的谨慎》剧作的基础，新版本的学习在大家的努力之下，没有花太长时间就成功地排练了出来。在这部戏里，我的老同学曹志光成功地反串扮演了丽莎奶奶这个角色，为这个戏增光添彩。

　　按照剧团里的演出惯例，演出进行中，除了马上就要上场的演员之外，其他人是不可以站在舞台两侧的侧幕观看台上的演出的。可是出于喜爱醇英有趣而精彩的表演，每次大伙儿都会情不自禁地跑来看她可爱的、淘气之极的表演和手脚的夸张舞动。丽莎这个角色让她演活了。演出之后看到那么多的伙伴们喜欢自己的表演，醇英心里也非常高兴。

《无益的谨慎》中的高醇英与吴祖捷双人舞

北京舞蹈学校实验芭蕾舞剧团演出独幕芭蕾舞剧《无益的谨慎》节目单上的剧组和演员表

1 1961年3月，古巴国家芭蕾舞团创办人阿丽西亚·阿隆索和高醇英排练《无益的谨慎》第三幕"梦幻中的爱"

2 丽莎（高醇英饰）和柯连（吴祖捷饰）的双人舞

3 从左至右：高醇英 曹志光 吴祖捷

4 1961年3月30日，古巴版《无益的谨慎》在天桥剧场首演，终场造型右起：吴祖捷 高醇英 曹志光 张策 张纯增 王秀芳 程誉

赴北欧演出

　　1961年夏天，我和陈爱莲接到通知，参加中国艺术家表演团，到澳大利亚和新西兰去演出。中国演出经理公司经理丁波任团长。演出节目方面，演奏有陆春龄的笛子、作曲家张锐的二胡和严海澄的唢呐。声乐有男高音胡松华、女高音王昆老大姐；上海杂技团的孙泰表演口技，潘素梅表演软钢丝和蹬伞，由四川杂技团的两位辣妹子——被大伙儿爱称为大毛、二毛表演双人蹬技（蹬人）；舞蹈部分有中央歌舞团彭清一和姚亚男表演的花鼓灯小场，民族歌舞团的张曼如和维吾尔族帅小伙买买提·达吾提表演的新疆手鼓舞，全国总工会文工团的三位老伙计石平、张本仁、李茂阶表演的四川文狮，我和陈爱莲表演舞剧《鱼美人》第一幕中的双人舞和三幕中的"蛇舞"。

　　本来一切都在按部就班地进行，很快就要到出发的时间了，突然得到消息说澳洲的舞台工人罢工了，演出活动无法进行，我们这个表演团可能要解散。此时，有驻外大使回国述职。驻北欧的几位大使得知我们这个团因故无法成行，鉴于自20世纪50年代初之后，就没有一个艺术团去北欧几个国家访问演出过，他们还希望我们团能够去，以扩大中国文化对外的影响力。上边各方怎么谈的我们不得而知，不久就有通知下来要我们艺术家表演团改赴挪威、瑞典、芬兰三国演出。于是我们调转回头，不去南半球，改去北半球的北边了。

　　我们中国艺术家表演团出发之前在天桥剧场做审查演出，各位都表演得很好。这里有件事讲给大伙儿听，让大家笑一笑。潘素梅表演的软钢丝，因为团里缺人手，就由我来配合她演出。她要在钢丝上做各种技巧的表演，例如跳藤圈儿，坐在两条腿凳子上做平衡，还有难度更高的前桥、前后空翻等。我只负责给她往上递道具，再接住她送下来的道具，我的任务就算圆满完成。平时排练我表现得不错，心里很高兴。演出那天，我穿上传统中式对襟、一大排纽扣的杂技演出服，练着他们的亮相动作，准备上场。那天学校和舞剧团的不少人来看演出，他们知道我要给杂技表演做助手，就起哄似的说："走，去看王庚尧耍杂技去！"

潘素梅的节目开始后，我先给她递上藤圈儿，然后站在一旁看她表演。当她抛下藤圈儿，我顺利接住并优雅地亮相时，得到一阵掌声。这时我再递上两腿凳，她将凳子放在钢丝上，然后轻巧地坐在上面，并将双腿离开钢丝前伸，只用双臂控制平衡。当她完成此动作后，双脚再次站立在钢丝上并站直了身体时，那个凳子会自然地从钢丝上掉下来，我只需迈步向前把凳子接在手中，并高高举起，一个亮相便功德圆满了。可是那天，当素梅站起来凳子自然下坠的一瞬间，我急步向前，只见眼前的钢丝亮光一闪，那条用多股细钢丝拧成的粗钢丝经灯光一照便向四方反光，我就找不准距离了，结果凳子没接着，脑门还碰到了钢丝，差点儿把潘素梅给震下来。这会儿得到的是全剧场，尤其是我的同学们的一阵哄堂大笑。我赶紧捡起凳子并高高举起，优雅地亮相，当然又是一阵笑声。这就是我"表演"杂技的"光辉"事迹。

这次出国去北欧，途中又一次路过莫斯科，这次身体好像没有第一次乘飞机那么难受。到莫斯科没有多停留，就转机去丹麦首都哥本哈根，再转乘斯堪的那维亚航空公司的飞机前往挪威首都奥斯陆，到达了我们的第一个目的地。经纪人安排我们住进了当地有名的"海盗旅馆"。在中古时代挪威的海盗在欧洲颇负盛名，今天的挪威人当然早已不会以此为业，但用它给个大酒店命名，还是挺有点儿传统意味的。当年海盗船的仿制品就堂而皇之地摆在酒店的大堂之中，还挺有味道的。

地处地球高纬度的北欧国家，每到夏天日照时间特别长，有时竟

1961 年在挪威首都奥斯陆郊区奥运会
跳雪台前

在奥斯陆的雕塑公园

十八九个小时太阳不落。每天演出之后，回到住所吃过夜宵，就已近午夜时分，可是只要开着窗帘仍然可以看书，若不拉下厚厚的窗帘是无法入睡的，我们常常伴着天亮前小鸟的歌唱沉沉入睡。奥斯陆是个很有艺术气息的城市。那里有一个很大的公园——维格兰裸体雕塑公园，占地0.45平方公里，园内大部分为绿地花圃，可以供人们休闲玩耍。大大小小、栩栩如生的塑像，井然有序地屹立在公园的各个角落，很壮观。尤其是在园子中心巨大的基台上，由许许多多人体造型组成一个巨大的圆柱，描绘人生的不同阶段，象征着人类生生不息的精神。整个园区内的所有雕塑作品，是挪威雕塑家古斯塔夫·威斯兰得用了40年时间完成的。他把大半生的时间都用在了这个园子里，把它叫作古斯塔夫·威斯兰得纪念公园一点也不为过。

驻外使馆的人员因长年在海外，很少有机会见到从国内去的艺术家，所以他们无微不至地照顾我们这些远道而来客人。厨房的师傅为我们做可口的中餐，大使夫人更是像待自己孩子一样，对我们几个年轻的演员特别疼惜。各种国内外的点心糖果应有尽有，反正我们天天练功演出也不用戒口，可以猛吃一气。"新奇士"的柑橘在国内是很不容易吃到的，在外面则是任你吃个够，这可是一种享受。"三五牌"的香烟我吸得不亦乐乎，而且这一吸就吸了好长时间，这该是很大的副作用吧！

此行第二个国家是瑞典。在首都斯德哥尔摩也有一个很美丽、雅致的雕刻公园。准确地讲，应该是瑞典雕塑

在驻挪威大使住所

与挪威大娘合影于奥斯陆的乡村展览馆

家卡尔·彼来斯的私家花园。该处没有巨型作品，但是写实而精美的人体和动物造型错落有致地散落在山坡上、池塘或曲径边上，将这个不算大的园林装点得美轮美奂，让人感到十分赏心悦目。

在瑞典，我们住过一家聘用暑期学生做服务员的旅馆。在餐厅里学生们的热情很高，他们多半笨手笨脚的，看得出是外行生手。但他们常挂在脸上的笑容和常挂在嘴上的"对不起"，可以帮他们解决不少问题。不太会做但是肯做，比会做而不好好做要好。这类旅馆收费便宜，是它最大的优势，我们在当地的经纪人喜欢的也就是这一点。我们还住过一个只造完一半——两幢楼只完成一幢就开始营业的公寓式客店，住了两天两夜清漆未干透、油漆涂料味儿呛得人头疼的房间。那个经纪人真的拿我们不当回事儿，油漆涂料内的苯类物质对人体的伤害极大，工人干活儿都要戴上特制的口罩，我们却睡在这样的房间里，当时也不懂其危害，真是很可怕。在欧洲不少国家常可以看到肩背背包，手里举一张大纸板写上要去的地方，等待好心人到来搭顺风车的自助旅行者。有旅客，也有做社会调查或体验风土人情的学生，每到一处可以找间餐厅给老板刷盘子、洗碗来换一顿饭，这种"以工换食"的方法可以节省不少钱。据说如果运气好，一个夏天跑遍大半个欧洲，也花不了多少钱，甚至可以免费旅行。但是要特别注意安全。

1961 年 5 月，在瑞典首都斯德哥尔摩近郊的皇后岛

我们离开瑞典去芬兰走的是水路。傍晚从斯德哥尔摩码头上船，使馆的不少工作人员前来送行。当轮船解锚鸣笛，缓缓离岸，渐渐远去，遥望岸边，使馆工作人员仍在向我们挥手道别，依依惜别的心情久久无法平静。客轮随着轮机均匀的转动声，平稳地航行在波罗的海上。在船上吃了一顿晚饭，睡一个觉，第二天就平平安安地到达了芬兰首都赫尔辛基。在芬兰正好遇上仲夏夜，也就是咱们农历的夏至。在北欧国家，这一天是白夜。在芬兰的法律上，这天允许喝醉酒而不犯法，连警察都可以喝得东倒西歪。很奇怪，那天反而很少甚至未发生车祸。在"酒仙"满街的马路

在驻瑞典大使馆表演《鱼美人》第一幕双人舞

上，车开起来得慢之又慢，才能从正常人和"酒仙"之间的空隙向前行进，如此反倒不易出车祸。

仲夏夜的狂欢晚会在各大公园内举行，各式各样的烧烤，香肠、排骨、猪肉、鸡肉、牛肉都有。大多数用烤炉，也有非常有特色的——把

1961 年 5 月，在驻瑞典使馆寓所的阳台上

大树树干竖向剖开，在凹陷处生火烧烤，肉香伴着木香飘向四方。有一种传统的竞技性的游戏：两个人站在漂浮在水上中空的大树干上，评判一声令下，两个人便用脚将树干向前或向后转动，同时各自保持平衡，站不稳而落水者为失败，未落水者就赢了。还有一项许多人参加的活动就是方块舞，随着民间音乐的响起，一圈圈的人加入了舞蹈的行列。舞步大都很简单。看着他们欢快地舞动着，我们的两只脚也真痒痒，好想参加进去，和他们一起欢快地舞一回。可是因为我们第二天还有演出，不能玩得太疯，只好作罢。大家只能是走马看花似的感受一回仲夏夜的气氛，就打道回府了。

我们在芬兰全国从南到北的几个城市演出，都很成功。到了后期要到北极圈附近几个地点去演出的时候，我被传染上一种芬兰式的感冒。那是一种很不易治愈的流行性感冒，就我一个人赶上了。起初我还坚持了一两天，后来实在扛不住了，团里只好用飞机把我送回赫尔辛基的大使馆内养病。使馆还派了专人照顾我，我每日高烧不退，全身无力，关节疼痛。吃药后发汗到大汗淋漓，停药后很快又会出现高烧。几天下来就瘦了好几斤，眼窝凹陷，像个大眼贼。直到大家完成演出任务，我仍在恢复之中。回到国内，近一个月身体才完全恢复。

1 2

1 1961 年 5 月 29 日，在芬
兰北方小城库奥皮奥，做
演出前的排练

2 1961 年 5 月 29 日，在芬
兰北方小城库奥皮奥演出
《鱼美人》第一幕双人舞

辉煌的《唐·吉诃德》双人舞

1961 年，中国舞蹈家协会和文化部艺术局主办的独舞、双人舞公演晚会，由北京舞蹈学校、中央歌舞团、民族歌舞团、总政歌舞团联合演出。在 10 月 13 日到 15 日的三天里演出了四场，13 日和 14 日两天招待北京文艺界、舞蹈界和从外地来京观摩演出的同行们。我参加表演的有《鱼美人》第一幕双人舞（我和陈泽美合演），以及《鱼美人》第三幕的"蛇舞"（我和陈爱莲合演）。醇英所在的中央芭蕾舞团只有两个节目：《唐·吉诃德》和《曲调》。演出的第一天是为北京文艺界和同行们、专业人士做的一场示范性演出。醇英和吴祖捷表演的《唐·吉诃德》双人舞是压轴节目，也是唯一被热情的观众报以长时间掌声、要求重演的节目。醇英在观众经久不息的热烈掌声中，随着再次响起的欢快乐曲声，在舞台上飞速地旋转了两大圈 Tour en dedans（单腿脚尖行进转）和一连串的 Chaînés（双腿脚尖连续行进转），辉煌地结束了她的这场芭蕾舞表演，整个演出也在醇英的奔放、精湛的演技表演高潮中结束。

一个多月以后，11 月 12 日，我和醇英表演的这两个北京舞蹈学校的经典保留节目，参加了我校和荀慧生京剧团联合演出的"京剧、舞蹈晚会"。

据新华社1日訊 首都舞蹈界最近連日举行座談会，探討独舞、双人舞的特点及其表演艺术。

这次座談会是結合中央歌舞团、中央民族歌舞团、北京舞蹈学校、总政歌舞团联合演出的"独舞、双人舞表演会"进行的。

近几年来，我国舞蹈界在收集、整理、革新民族民間舞蹈遺产方面进行了广泛的工作，并創作了一些歌舞剧。但是，为了鼓励舞蹈的題材、形式、体裁、風格的更加多样化，还要求有更多各种風格的舞蹈小品，使演员的舞蹈才能得到充分的鍛炼和发揮，提高整个舞蹈艺术的演出水平，以滿足群众精神生活的需要。

独舞和双人舞的体裁要求內容更加提炼和集中，演员艺术技巧也要达到一定的水平。座談会上，許多編导和演员对这次会演的节目作了具体分析。有些人认为，独舞和双人舞所能表现的容量有一定限制，它比較适合于择取生活中的片断，用舞蹈形象来刻划性格和抒发感情。例如，《鱼美人》中的蛇舞通过誘惑与反誘惑，描繪善与恶的斗争；《摘葡萄舞》反映了維吾尔族姑娘在丰收时的喜悅心情；《剔馬手舞》刻划了蒙族剔馬手剽悍

右图：蒙古族舞蹈：「人舞表演会。上图：唐·吉訶德。表演者：高醇[chún]英、吴祖捷中国舞蹈工作者协会和文化部艺术局，最近在北京举办了独舞、双

表演者：张曼如

新华社記者 吴化学攝

1961年11月2日，《人民日报》报道："繁荣舞蹈创作 提高表演技巧——首都舞蹈界探讨独舞和双人舞特点"

上图：《唐·吉诃德》双人舞 （高醇英 吴祖捷表演）

178

京剧、舞蹈晚会花絮

12日晚首都剧场的一场晚会，吸引了不同的观众：既有喜欢京剧的，也有敬舞爱好者，还有外宾及来自远方的上海客人。他们共同欣赏了荀慧生京剧团与北京舞蹈学校联合演出的"京剧、舞蹈晚会"。

节目包罗古今中外

晚会上的节目真是古今中外：风趣诙谐的小喜剧"柜中缘"、绚丽多彩的民族舞"春雨"、民族舞剧"鱼美人"双人舞以及芭蕾剧"唐·吉珂德"片断和"天鹅湖"中的西班牙舞等。

音乐伴奏也令人很感兴趣，一会儿是悠扬的钢琴声，一会儿是抒情的管弦乐，一会儿又是"走马锣鼓"，舞台气氛变化多端。

满台青年演员

年轻的舞蹈演员和京剧演员，他们表演得满台生火爆，充满了朝气。观众对高醇英、吴祖捷表演的"唐·吉珂德"，赞口不绝。他们喜欢高醇英纯熟的动作和轻巧灵敏的旋转。

京剧演员赵慧英扮演的龙女，在杏男迎战天蟒时的开打中，一连三个鹞子翻身表现双腿踢枪，博得了热烈的掌声。

也是热心的观众

后台的气氛也不同往常，演员化妆、下装都特别踊跃，因为他们不仅是演员，而且又是观众。荀剧团在"泗洲城"中演二郎的唐裕身和演大侩的几个演员，都提前二小时就扎上了几斤重的长靠，在台的两侧做热情的观众。而舞剧团的演员，这一天的下装也特别迅速，都一心想起上台表演后一个京剧节目。他们谁也不愿错过这一个难得的互相观摩、学习的机会。

当场交流经验

荀剧团的服装、道具摆得那么井井有条，引起了舞剧团负责服装的孙桂文的注意，她连忙向她的同行陈凤翔请教。陈凤翔已经管了几十年的服装了，他兴奋地向年青的同行介绍京剧服装管理的特殊要求和经验。负责化妆的张韫生急急忙忙好化妆用具以后，就来到了荀剧团演员吴纪敏的身旁，她边看边问，兴致勃勃地在琢磨京剧和舞剧的化妆有什么不同。

京剧、舞蹈晚会花絮

1961.11.14 北京晚报 No. 3245

《唐·吉珂德》(片断)
高醇英 吴祖捷表演　徐志摄

《长鼓舞》崔美善表演　徐志摄
《拍球舞》张均表演　徐志摄
《灯舞》张曼菊表演　吴化学摄
《摘葡萄》阿依吐拉　阿不力兹表演
朱今明　聂晶摄

1　2

1　1961年11月14日《北京晚报》的演出报道
2　1961年8月《舞蹈》杂志封底内页，左上：高醇英 吴祖捷

179

1961 年拍摄的《唐·吉诃德》双人舞剧照

To my dearest Aunty & Uncle & cousin Peter.

Oana

Wishing dear Aunty a
Very Happy Birthday
Love
Oana.

高醇英

Don Quixote Peking 1961
China

高醇英母亲把照片寄给了她
在意大利的大姐，还写上了
中国名字高醇英

趣事一桩

　　醇英和吴祖捷每次演出舞剧《唐·吉诃德》最后婚礼大双人舞的时候，都很顺利。可是有一次演出时，发生了意外的情况，舞台上居然碰到了"拦路虎"。当他们表演完了双人舞和各自的独舞，醇英辉煌地完成32个单腿挥鞭转，祖捷跟上来做32个旁腿转的时候，她必须从舞台左侧的侧幕之间跑下舞台，从天幕后面赶到舞台右侧，再上舞台继续转圈。但是，就在她跑进侧幕间时，有一架三角钢琴不知什么时候堵在了那儿，挡住了全部空间，她无法通过。要知道演员在演出时是不可以动侧幕的，特别是在吴祖捷转圈的时候，她不能从他后面跑到舞台右面去。可这个节目是毫秒必争啊！我的"天鹅公主"毫不犹豫，立即双腿跪卧在地，手脚并用地撅着屁股快速从钢琴下面爬了过去，再飞一样地从天幕后面跑到舞台的右后角，刚好赶上出场时刻。她马上跟着欢快的音乐，做她拿手的快速斜线单腿行进转，再和男舞伴吴祖捷合舞，最后以精彩的舞姿完美结束。

　　事后想想这钢琴堵路事件还心有余悸呢。幸亏她从钢琴底下爬过去的时候，祖捷正在台上表演他技术高超的32个旁腿转，所以观众的注意力全在他身上。否则观众如果注意到在台上高雅靓丽的女主角，身穿着tutu短裙正在钢琴下面爬的话，肯定会哄堂大笑！

　　她这个从钢琴下面爬过去的火速救急动作，使得他们表演的《唐·吉诃德》大双人舞得以圆满完成。这也是我的"天鹅公主"醇英心目中戏比天大的本能反应！

《鱼美人》上了电视台和挂历封面

　　1961 年年底，北京电视台特地拍摄《鱼美人》中的"蛇舞"，作为中国的电视台为庆贺 1962 年新年提供给东欧各个国家电视台播放的节目，用今天的话来讲就是贺岁片。当年还没有摄像机，是用胶片拍成的电影。

1961 年 12 月，北京电视台特地拍摄《鱼美人》中的"蛇舞"猎人造型

1961 年 12 月，北京电视台拍摄《鱼美人》中的"蛇舞"

1962

1962 年挂历封面，《鱼美人》婚礼双人舞

芭蕾舞团第一次出国演出

醇英演出很繁忙，除了公演之外，还有一些为外国首脑国宾的专场演出。一次，缅甸奈温将军来观看芭蕾舞剧。他非常欣赏醇英的精彩表演，上台后第一个就跟她握手，满脸笑容，很高兴地跟她说："您跳得太好了，欢迎您来缅甸演出。"然后他又转向大家，补充说道："也欢迎你们来我们国家演出。"

1961年的冬天，上级通知芭蕾舞团去缅甸访问演出。这是年轻的中央芭蕾舞团第一次担任出国的演出任务，大家都很兴奋。

很快，一件叫醇英无法高兴的事就发生了。在宣布出国演出的演员名单时，作为剧团的主要演员醇英不在名单之内。这是一件叫人无法理解的事。当时是什么理由也没有对她说，我想他们也不准备说，也无法坦诚地直说，只是把所有由醇英表演的角色和节目都由别人顶换上去。还要说什么吗？所有思维正常的人心里都明白：她妈妈是英国人，一个在宋庆龄伯母领导下为中国的抗日战争和儿童福利事业做出许多贡献的英国人。高醇英不是纯中国人，即使她演得再好，跳得再棒，也不能代表中国到国外去演出，哪怕外国领导人曾当面邀请过她也没用。再说有不少当年芭蕾舞团的人员那会儿就有亲属在国外，也并没有影响他们出国演出。其实在表演欧洲的经典芭蕾舞剧目的时候，醇英比别人的扮相更像，也更美些呢。芭蕾舞团从1962年1月初到2月底在缅甸访问演出了两个月。

不叫醇英出国演出，她想不通也非常难过。此事又一次证明了"我爱祖国，祖国不爱我，不承认我是中国人"的想法。这种不被信任、不被当成自己人的疏离感是刻骨铭心的，太伤人心了。

芭蕾舞团那些没有出国的演员和我们民族舞剧小组的八九个演员，组成了一个演出团，到天津演出了半个月。这是我第一次和醇英一起到外地演出。

当时的供应包括食品仍然很紧张。天津当地的接待人员，想方设法地给我们弄到了一些带鱼。可是这次不幸得很，我正巧碰上智齿发炎，北京人讲话叫尽头牙，肿得连嘴都张不开。我怕带鱼是发物，对我发炎的牙齿不好，只能用我临时性的"樱桃小口"，嘬清汤挂面条儿来充饥。真是没口福。

说到困难时期那几年，各种物资供应都需有票证。我的一些同学在那会儿即使每餐之后立即躺下休息，以节省体力的消耗，但还是有人因营养不良而浮肿。我俩因为有演出每天必须练功排练，又因为是主要演员，体能消耗很大。每个月分配给我们的糖、豆、肉、蛋比群舞演员的份额多了不少。每到周末可以把省下的肉票在食堂买苏师傅做的米粉肉，多买一两份，放在一个大碗里，伴上米饭，敞开地吃一顿，真是好吃之极。苏师傅做的米粉肉和其他的炒菜，本就香甜可口，再加上那会儿肚子里油水少得可怜，周末能海吃一顿，那个好吃劲儿就加倍了。

在芭蕾舞团的出国演出人员回到北京的时候，醇英去车站迎接他们胜利归来。当她见到她的老舞伴吴祖捷的时候，情不自禁地跑上前去，抱住祖捷哭了起来。在这个特殊的时刻，她把一切忌讳都抛到了脑后。这是她唯一的一次把屡屡受到不公平待遇的痛苦心情，用无言的泪水在众目睽睽之下发泄了出来。

1962 年 1 月，去天津演出（左图：王庚尧　右图：高醇英）

一封远方的来信

1962 年初夏的某一天，我和醇英下班后一起去虎坊路餐厅吃湖北菜。我们平时几乎天天穿着练功服，到了周末才有机会穿一两天生活服，所以衣服一般不会很快就穿坏，也就无须常常花钱买衣服，我们俩的工资除了吃没有什么太多地方可用。我们又很好吃，北京不少有名的饭馆我们去拜访过，什么全聚德、东来顺、晋阳春、丰泽园、曲园、四川饭店、鸿宾楼、莫斯科餐厅、新侨饭店、烤肉季、新疆餐厅，还有我们俩常去吃活鱼、葱爆牛肉和涮羊肉的陶然亭窑台饭馆等。我们在工作上体力消耗大，从没有担心过会发胖。工作之余就是"祭五脏庙"，不必忌口，好好地吃，储备营养，以利再战。

这天我俩刚在餐厅坐下，醇英就交给我一封信，她说："看地址不知道是谁寄来的，就没有打开。"我打开信一看，开头第一句就称呼我"庚尧弟弟"。我被这个称呼弄糊涂了，要知道我从没有兄弟姐妹。再看下去，信中说：

"经公安局、派出所的民警协助，才有了你的地址。……你现在已经长大了，可以告诉你了。……因为当年天灾无法生活，才不得已把你送给了你养父母。……你不要记恨咱妈妈。……你的养父母对你非常好，你应该孝敬他们。今后有机会，妈妈和我想和你见见面……"

我对我的生母、姐姐、哥哥、弟弟他们一无所知，事情来得太突然了，我没有任何思想准备，一时转不过弯来，尤其看到"养父母"一词，心里很不是滋味儿。按说我又多了许多亲人应该是件让人高兴的事，可是当时我怎么也高兴不起来。那会儿连我平时爱吃的可口饭菜，我也是只吃了几口就吃不下去了。我在想：和我生活在一起，养育了我二十几年的

哥哥郑有成

最亲的亲人，怎么一下子就变成了养父、养母呢？接受不了。

　　一到周末，我就回到了父母家。可是我没有当面向他们二老吐露半点消息。我去了离我家几个门之隔的小姑姑家求证。我很认真地对小姑父说："咱们爷俩都是国家干部，您又是厂里的领导，我问您一件事，请您一定跟我说实情。"这时我把我姐姐郑桂华的来信给他看了。看完之后他的眼里泛着泪光，对我点了点头，只说了一句"是这样"，就再也说不下去了。停了一会儿我对小姑父说："咱爷儿俩来个君子协定吧，这件事您知道我知道就行了，我爸爸妈妈那边，就不要叫他们知道了。连我老姑，您也替我保个密吧。"老姑是北京人对小姑姑的叫法。小姑父点了点头，表示同意我的看法。我接着对他说："我会比过去更孝顺他们，您放心。"小姑父说："我知道了，好小子。"

1 2

1　1962 年，与月春妈妈
　　相会在北京
2　与月春妈妈、姐姐在
　　天安门广场

从那之后，每逢周末只要有可能我就会回家去，看望我的老爸老妈、老姑父老姑这些我最亲的亲人，去孝敬他们，以报答他们对我的养育之恩。这个家庭秘密，我老爸老妈和我老姑一直没有道破。他们从来没有对我提起过关于从小抱养我的往事。多年后，他们带着不愿意伤害我感情的善良之心，带着这个秘密先后逝去了。

1962 年，和月春妈妈、姐姐、姐夫及外甥、外甥女在北京

参加世界青年联欢节

1962 年七八月间，我和陈爱莲接到通知，参加中国青年代表团的艺术团，去芬兰首都赫尔辛举行的第八届"世界青年与学生和平友谊联欢节"演出。总团团长是王兆国，艺术团团长是东方歌舞团的领导田雨。参赛的节目有《弓舞》（我和陈爱莲领舞），《蛇舞》（我和陈爱莲表演），《春江花月夜》（陈爱莲独舞）和《斗笠舞》。京剧由中国戏曲学校实验剧团演出，有李光、任凤坡的《三岔口》，刘秀蓉、白继云、荀浩、刘长生等表演的一部武戏。代表团大队人马在紫竹院附近的中央团校校区内集中住宿、排练。经过近一个月的准备，节目已经联排得挺顺畅了。在要进行出发前审查演出的前一晚，艺术团在团校的大食堂宴请大家，还准备了一些酒。大伙儿在这些日子里相处得很融洽，平时工作排练不许喝酒，今天酒禁一开，可不得了喽！京剧团的几个哥门儿特爽快，凤坡老兄那天特兴奋，频频劝酒。他自己首先喝了个痛快，一杯接一杯地干。我们桌的几个人也就跟着大块儿吃肉，大口喝酒了。我怕喝醉，就把酒和汽水混在一起喝，啤酒、橘子酒、白酒、汽水一通儿乱掺和，喝起来淡多了也顺口多了，可是那酒精味儿是一点儿也没减少。小杯子不过瘾就用碗，两碗下肚嘴里就喝不出酒味儿了，这会儿才是最可怕的时候。不一会儿，大伙儿就一个个地倒下了。我虽然还没有躺下，可是已是头痛、恶心、腿软、出虚汗。就在这种状态下，在聚餐之后我仍然脚下无根地"走"了几百米，从饭厅"飘"回了宿舍楼，并且爬上了四楼，还能拿出钥匙，开了房门再爬上床去。这一躺可就不对了，好像全身的血液一起都去了脑袋，头痛恶心得更厉害了，可是又吐不出来，只好用点儿"手抠法"了。这才全部倒了出来。这一夜怎么也睡不沉，人像在云彩里上下浮动，八成儿血压一定会升高。喝醉了酒如此不好过，绝对是一次就够了。歌里挺甜地唱道："人生难得几回醉，不欢更何待。"我说："人生最好不要醉，醉了太受罪。"

第二天演出《弓舞》的时候，我做飞脚蹁腿、蛮子落右，弓箭步接舞伴陈爱莲跳上我右腿，做斜探海拉弓造型。这一连串动作和造型亮相，是在我两腿发软的情况下，咬牙拼命完成的。我双手将舞伴拉弓射箭的造型高高举起的托举动作，也比平时更加注意我自己腿下的平衡。我月春妈妈和小弟弟王永成观看了在二七剧场的这次审查演出。总算这辈子为我的亲妈妈表演了一次。虽然演得还不错，没有什么差错，观众看不出什么区别，可我的心里明白，如果头天晚上没喝高，休息得更好，当天的演出会更有看头，精气神也会更足实。我心里还是觉得有些抱歉。

因为是大队人马出发，上面安排我们乘坐火车。从北京出发经天津北上，出山海关经沈阳、长春、哈尔滨向西行，出满洲里进入苏联境内，一直往西走，共用了五天五夜才晃到莫斯科。开始的头一两天还行，没有什么不舒服的感觉。到了后几天，由于昼夜不停地晃动，停车时人下到站台上，还是觉得是在行驶的列车上，还在晃。大概是平衡器官已经适应了不停摇晃的状况了吧。到莫斯科后，在那里停留了两三天。我们为使馆人员演出了一场。结束后，驻馆的武官很风趣地问表演《斗笠舞》的八个女演员："你们几个人是亲姐妹吗？"姑娘们都笑起来了，说："不是，哪有八个亲姐妹跳一个舞的？"武官笑道："有哇，我就有九个亲生的女儿，她们可以跳哇！"大伙儿听后都开怀地笑了起来。

从莫斯科再出发仍是乘火车，北上经列宁格勒（今圣彼得堡）到达

1962 年 7 月，参加第八届世界青年联欢节途中经过莫斯科。右起：王庚尧 陈爱莲

193

我们的目的地赫尔辛基。在这次联欢节上，我参加表演比赛的两个舞蹈节目《弓舞》和《蛇舞》，都获得了金质奖章。这次来芬兰是旧地重游，在一年多一点的时间里两次到访同一个很遥远的国家，该算是件少有的事，再次见到大使馆老朋友分外高兴。一年前，我因患芬兰式感冒在使馆得到他们的悉心照料，对此再次表达了我的谢意。联欢节期间的十天左右时间里，日程安排得很紧凑，当我们完成了演出比赛的任务，我得了两枚金质奖章之后，心情当然很好。大伙儿兴高采烈地去为参加比赛的体育健儿们助威鼓劲。他们也得到了很好的成绩。

这次参加联欢节大家又是满载荣誉而归，返程仍然是乘火车。当行

VIII°
FESTIVAL MONDIAL
DE LA JEUNESSE ET DES ETUDIANTS
POUR LA PAIX ET L'AMITIE

D I P L O M E

DECERNE A

Ouang Keng-yao

QUI A OBTENU LE TITRE
LAUREAT
ET LA MEDAILLE

d'or

AUX CONCOURS ARTISTIQUES
INTERNATIONAUX DANS LA SPECIALITE

danses classiques des peuples d'orient (couples)

POUR LE JURY
INTERNATIONAL

POUR LE COMITE
INTERNATIONAL

HELSINKI 1962

1962 第八届联欢节舞蹈比赛金奖法语证书

获得的第八届国际青年联欢节艺术比赛的金质奖章

驶到贝加尔湖的时候，列车转向南方，穿过蒙古人民共和国，自二连浩特进入中国境内。在该处列车清洗消毒，并调换列车底盘，由苏式的宽轨换成国内的标准轨式。在这里再次等待的时候，我到邮电局给醇英发了一封电报，只简单地写了"我已返回国内，望不久见到你"，最后用"吻你"做结语。当电报发到醇英那里时，一封短短的电报竟错译了两个关键的字：高醇英的名字，变成了高酵英，不知她什么时候发的酵，也可能是发酵时间不够，还不够醇，故称"酵英"；电文基本没有错，只是"吻你"两个字变成了"咱你"。当时"吻你"还不怎么流行，可是"咱你"是怎么回事？不懂。这真是一封很逗乐的电报。一直到如今，我们俩还时常开玩笑，一说"咱你"，彼此就都很明白是怎么回事了。

巧遇侯宝林、郭启儒两位大师

　　记得是在1962年前后，有一次我们民族舞剧小组和学校民族舞科的部分师生去电视台演出。装扮整齐之后，在等待我们节目上场时，为了打发时间，大家围坐在一起胡聊。我给大伙儿讲了一个"健忘的人"的笑话。正讲得起劲儿之时，有个学生碰了一下我的手臂，并用眼神示意我背后有人。我回头一看，心里一震，原来是侯宝林、郭启儒二位大师在我身后。此时我脑子里飞快地闪过几个念头，我想我应该怎么称呼侯大师，按说应该称侯先生，可是当时一般人还不习惯这么叫；叫侯宝林同志太严肃，也不是我这个小辈儿该叫的。这时我本能地对侯大师叫了一声："侯老师好！"侯老很和蔼地笑了笑说："你们继续，你们继续。"我哪敢继续，哪敢班门弄斧，在关公面前耍大刀哇！大家请侯老给我们讲笑话。经大家再三请求，他说："你们大伙儿讲一个，我就讲一个。"可是谁敢在他老人家面前讲笑话？大家推来推去，我出于想听侯大师讲笑话的热切心情，大着胆子把没讲完的那半截笑话给讲完了，算是完成了任务。

　　那笑话是这样的："古时候有个人十分健忘。一日手持长矛，胯下骏马，出门直奔郊野而去。行走间突感内急，要办头等大事。"他见前方有大树一棵，冠盖遮阳，远近也无行人，急忙走上前去下马来，把缰绳拴在树枝之上，长矛插在地上，就在树下解衣办事。事办了一半，侧头一看，一支长矛插在身边，急忙起身道：'哎呀！好险，这一枪差一点儿扎到我。'一闪身踩到了他自己的粪便，怒道：'哪个混蛋在此大便，让我踩了一脚。'再看发现一匹马拴在树上，大喜道：'还不错，我捡了一匹马。'于是乎，他骑上马回头往城里去了！"

　　大家笑没笑我已记不清了，因为我讲的只是抛砖引玉。大家赶紧请侯老讲。他把我刚刚讲完的笑话又重新讲了一遍，结果逗得大家哄堂大笑。这就是功力，大师就是大师。

　　后来侯老知道了我的姓名和工作后，曾叫我们戴爱莲校长转告我，有空时到他家去参加他们的星期笑话会。北影的谢添导演、老艺术家赵子岳、我们学校的俄文翻译苗林老师等都是这个聚会的座上客。我呢，因为感到我的年纪也太轻了，有些怵头不太敢见那些名人，在这些长者、名人面前怕不自在；而且自从我知道是王家父母抱养了我之后，几乎所有的周末都会回家去看望我的老爸老妈、小姑姑小姑父他们。所以我没有去过他们的笑话会。现在想想真遗憾，我失去了多么好的学习和长见识的机会！在学校里有时戴校长见到我会对我说："旺耿要（王庚尧），厚报赁（侯宝林）遥尼取灿假他闷的晓花辉（要你去参加他们的笑话会）。"我们校长出生于西印度群岛特立尼达，因为普通话发音的平上去入四声不太准，所以才有上述的传话。戴校长在政协礼堂常会碰到侯大师，但是她不敢当着他的面多说话。侯大师曾说过："我怎么会在演出的时候学你们校长讲话呢，不会的。"

重回民族舞剧团

1963年奉上级指示，舞蹈学校解散了民族舞剧小组，演员们重新分配工作，我就又回到了我的老家民族舞剧团。当时团里的演员和学员都住在天桥剧场后台的二楼、三楼用化妆间充当的宿舍里。单身男女住集体宿舍，我倒是挺习惯的，也很热闹，就是洗漱和解决"人生大事"，都要使用一层楼的一个公用洗手间。每到一早一晚，刚起床和要就寝的时候，那真是门庭若市，好不热闹。练功房倒是不少：楼里有供演员上台前活动身体的练功厅一个，楼外靠西边一溜儿还有两个用高大库房改装的大教室。吃饭有食堂，不用操心；想改善生活的话，剧场北面就是天桥市场，想吃什么，餐馆和小吃摊儿任你挑选。天桥剧场始建于1953年，在当年可是十分现代而豪华的建筑了。别的先不说，就观众席带有深井喷雾式冷气这一点，就是独此一家，别家剧场谁也比不了。它成了我们中国歌剧舞剧院民族舞剧团的"家"。

刚回到团里最初的一段时间，暂时没有适合我的角色。凡有演出的时候只要可能，我都会去帮助舞工队的同事们拉拉吊杆，或做些别的力所能及的工作。为此团里还表扬了我没有架子、热情工作。其实我一直都认为架子没有用，我也不会摆那个架子，本事才是最有用的，大伙只是分工不同而已。在这个集体团队里，谁都是不可缺少的。只要认真做好本职工作，都应该受人尊重。

过了不久，团里安排我参加朝鲜民主主义人民共和国的一部舞剧《红旗》的演出。在这部舞剧里朝鲜的同行们，让剧中第二主人公年轻的明浩在舞台上高声喊了一句口号，以此来突出主题，画龙点睛。总之，用舞蹈语汇讲不清楚的，干脆喊出来，观众也就知道我们要表达什么了。那句口号是这么说的："革命的火炬在祖国的普天堡燃烧起来了！"可是让我这个从来没有在舞台上开过口，还满口北京味儿的人一喊，引来的是让大伙儿笑成一团，再也舞不下去了。有人对我说："三儿，你喊得怎么跟卖豌豆黄儿一样！"这当然有开玩笑的成分。为此我提气、沉气、张口、闭口、粗声、细声，用鼻腔、口腔一通折腾地练了半天，这才跟卖豌豆黄儿的有了点儿区别，也喊对了点儿味儿。大伙儿也听惯了我的腔调，虽然还会笑，剧里也要求笑，但是可以继续表演和舞下去了。喊这句台词，比我跳一段独舞还费力。真是隔行如隔山哪！

赴西欧六国访问演出

　　团里为了创作抗击洪水题材的戏，组织大家去新闻电影制片厂看纪录片，以增加相关的知识。1963 年的除夕，电影正在放映中，剧院的刘裕民副院长来到现场，把我和陈爱莲叫了出去，对我们说："文化部徐平羽副部长，要你们两个人立刻到他那里去，有任务。"我们和刘院长坐院里的小汽车直接去了徐部长的寓所。见到徐部长之后，徐部长没有和我们过多地寒暄，便询问我们可以表演什么节目。我们把可以表演的独舞、双人舞节目向他一一做了说明汇报。他告诉我们有一个大型艺术团要去西欧几个国家演出，让我们尽快去报到并投入排练。

　　这个演出团确实很庞大，由京剧和音乐舞蹈两大部分组成。京剧以上海京剧院为主，还有中国京剧院的杜近芳和王鸣仲二位名角。演出剧目有张美娟的武戏《火凤凰》，杜近芳饰白蛇、齐淑芳饰青蛇、童祥苓饰许仙演出的全本《白蛇传》，王鸣仲饰孙悟空的《大闹天宫》，以及孙正阳、杨春霞演出的《拾玉镯》。我们舞蹈队的男演员有时候会帮忙客串《大闹天宫》里的小猴子。京剧团的几个哥们儿有时会寻开心地把有的人勾成母猴子的脸谱，可至今我仍无法从脸谱上分清哪个是公猴，哪个是母猴。各位京剧名角儿都有精湛的表演，唱、念、做、打俱佳。在那半年里，我大大地饱享了耳福和眼福。

　　舞蹈部分这次仍以东方歌舞团为主。集体舞节目有《红绸舞》《斗笠舞》和崔美善领舞的《孔雀舞》；独舞节目有莫德哥玛的《盅碗舞》、阿依吐拉的《摘葡萄》，还有我和陈爱莲表演的《鱼美人》第一幕双人舞。我还学习了《红绸舞》里的双绸领舞，以备不时之需。演奏家有张锐、陆春龄、阎海澄、刘德海几位著名的艺术家。艺术团的团长是上海市副市长、《中国建设》杂志总编辑金仲华先生。艺术团一共走访了西欧六个国家。

　　我们到访的第一个国家是法国。那时正好赶上中法建交，我们就成了中法两国建交后第一个到访的中国艺术团。从英国调任到法国前来建馆的宋之光代办，在繁忙的公务之余，几次来看望大家，以表达对我们大家的关心和重视。

我们在法国停留的时间比较长，演出场次也多，仅在巴黎就逗留了一个月左右。法国的观众热情得很，他们对艺术很热爱，欣赏水平也都很高。中国一流的表演团体和艺术家们，给巴黎的观众留下了深刻而美好的印象。

巴黎的凯旋门是非常著名的景点，是来到巴黎的必游之地。它坐落于戴高乐星状广场中央，12条大道由此向四面八方延伸。著名的香舍丽榭大街就是从凯旋门开始，一直到协和广场。凯旋门高50米、宽45米，四周都有美丽名贵的浮雕。著名的《马赛曲》浮雕描绘了1793年义勇军出征的情景，以及圣女贞德等形象。在凯旋门的旁边还建有一座无名烈士墓，每当夜幕降临，那永不熄灭的圣火就显得格外灿烂。

巴黎的塞纳河上有很多各具特色的桥梁，每一座桥都像一个艺术品，带给巴黎浓浓的艺术气氛，也给人们带来了视觉上的享受。其中有一座以俄皇亚历山大三世命名的大桥，它两侧的桥头堡上雕塑着飞马，金光闪烁，十分美丽壮观，给我留下深刻的印象。在巴黎的老市区，人们看不到建造风格差异很大、与整体市容市貌不协调和超过十几层的新楼房，都很好地着力保持了巴黎城的传统风貌和古典风格。整个城市看不到像蛛网般的电线，上下水道，电力、电话、电脑网络的线路和煤气管道，都在地下几丈深的隧道之中，既不怕狂风暴雨的侵蚀，又方便维修管理，保持了市容美观。这项设施可以说是世界第一。

到了巴黎，罗浮宫当然是要去的地方。这座宫殿占地广阔，藏品的数量也很巨大，许多世界知名的珍贵的艺术品在那里展出，一天两天是看不完的。我们不远万里从中国来到这里，怎么能不去看看呢。可是那天断臂的维纳斯和英俊的大卫到日本去"做客"了，缘悭一面。倒是蒙娜丽莎用她那永恒的微笑，接待了我们这些远方的来客。罗浮宫的展品实在太多，目不暇接，短时间内根本就看不完。短促地走马看花，最多能记住最著名的几件精品而已。

大伙儿还去了巴黎圣母院，它的规模也很大，能容纳9000人做弥撒。阳光透过巨大的彩色玻璃窗泼洒在墙壁上那一幅幅金碧辉煌的宗教题材的壁画上，伴着悠扬的钟声和圣诗的合唱声，很有宗教神圣的气氛。当你站在顶楼，注视着身边的钟楼，就会不禁想起大文豪雨果名著《巴黎圣母院》和同名芭蕾舞剧当中那个外貌丑陋、心灵美好的打钟人"卡西莫多"。

到凡尔赛宫参观时，在法国皇家金碧辉煌的大厅里，人们会想起当年欧美列强各国在第一次世界大战后，强加给同是战胜国的中国那极不公平又不公正的巴黎和会条款；使我们想起当年代表中国出席和会的顾维钧先生在会上据理力争拒不签署不平等条约的凛然正气。

当地的华侨也因为国内的艺术家精湛的表演而感到开心和自豪。一位饭馆老板招待我们去他的明园饭店用餐，并请大家在纪念册上签名留念。有趣的是，30年后的1994年，当我再次造访巴黎的时候，醇英的三妹醇芳带我去了搬到她家附近的那家饭店，我在餐馆又见到了那本纪念册。看着里面一个个熟悉的名字，包括我签的名，真是感慨良多。当年年轻的一群人，今天都已人过中年。30年啊，世界发生了巨大的变化，中国发生了巨大的变化，自己也发生了巨大的变化。身体在变，心理在变，生活的环境在变。当年是跟随国家派遣前来访问演出，今天探亲访友是游客，这种改变多有趣呀！

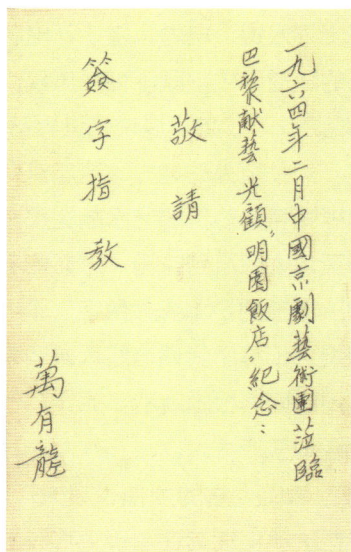

中国艺术家在巴黎明园饭店纪念册上的签名

在法国除巴黎之外，我们还去了南方的土伦和尼斯。第一次见到了美丽的地中海的风光，但演出日程很紧，我们也只是到此一游而已。

　　在我们去第二个国家之前，鉴于在外面洗衣服很贵，会用去不少每天的生活费，艺术团给男同胞每人买了当时很时髦的尼龙衬衫，它易洗易干，自己动动手便解决了洗衣的问题。再就是理发问题。东方人的头发比西方人要粗、要硬，他们不大会修剪咱们这类的头发，尤其不敢使劲儿地去薄，吹头发时会喷上许多发胶。当时看着还行，但只要洗个澡，马上就会变成刺毛儿栗子一个。无奈之下艺术团成立了理发服务"兵团"，我和另外两员大将，一共三个人担此重任。早在1958年北京舞蹈学校推行勤工俭学的时候，我们理发班的几个同学，就曾向来学校辅导的北京四联的师傅们很认真地学过。当时为了练手艺，我们几个学理发的人，曾追着低年级的同学到处乱跑，他们谁也不想给我们当"冬瓜"用。因为学剃头的时候要拿冬瓜做练习，刮它外皮上的白毛。后来我们手艺好了，就被他们追着跑了，我们的活儿又干不过来了。这次在国外期间，我们为全体男同胞都理过两三次头发。最不好做的活儿是给我们团长金仲华老先生拾掇头发，因为年龄的关系，他老人家头顶中间已经是不毛之地了，他还一边开会一边讲话，有说有笑的情形下我给他理发。由于我还不是真正的专业理发师，不好意思比较用力地按住他的头，要求他可以说笑但是头不许动，只好在他头不动的瞬间见缝插针地用推子或用剪子来完成任务。最后我们得到全团表扬的精神奖励一次。为大家服务，我们几个理发师都挺开心的。

1964年，与中国艺术家代表团副团长刘西林在法国西南部蒙彼利埃街头公园

在法国南部地中海之滨的尼斯

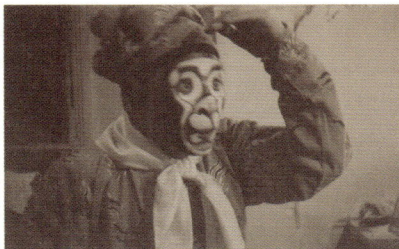

1　1964年3月，在巴黎演出后，与金仲华团长、宋之光代办、张美娟在舞台上

2　1964年3月，中国艺术家代表团舞蹈队部分成员在驻法国大使馆与宋之光代办合影

3　在埃菲尔铁塔前合影

4　在巴黎为京剧团演出客串小猴子

5　和老舞伴陈爱莲在巴黎凯旋门

6　1964年3月，在凡尔赛宫

1964 年 4 月，在意大利热那亚的尼薇海滨公园，与杜近芳、张美娟留影

1964 年 4 月，在热那亚海滨，由金仲华团长拍摄

1964 年 5 月，与王鸣仲、童祥龄、陈爱莲在热那亚尼薇海滨公园

　　四月中旬，我们去了第二个国家意大利，在八个城市巡演。从法国的尼斯出发，乘大巴士几个小时就到了意大利名城热那亚。途中还远眺了风景秀丽的赌城摩纳哥，在法意之间的公路上，坐在车上走马看花地浏览了一下。到达意大利的第一座城市热那亚，这是个美丽的海滨城市，一丛丛高大的剑兰、一棵棵挺拔的棕榈有序地排列在海滩的道路旁，好一派亚热带的南欧风光。在这里开始了意大利八个城市巡回演出的第一站。而就在我们来访之际，中意两国也正式建立了外交关系，更是喜事一桩。

　　告别了热那亚，我们访问了古城博洛尼亚。虽然事前我知道醇英有一位姨妈住在意大利，可是没敢告诉醇英的妈妈我要去意大利访问演出。我根本不敢和醇英的姨妈她们联系，怕被猜测成各种各样的情况与关系，多一事不如少一事。后来她们知道了我到过博洛尼亚，而没有事先告诉

在罗马凯旋门留影

在罗马斗兽场与一位东方歌舞团的演员（右）

1964年4月，在意大利罗马参观梵蒂冈大教堂

与驻团医生在那不勒斯郊区的庞贝古城遗址

她们，很失望，也很不理解。

离开博洛尼亚，我们去了意大利的首都罗马。罗马留给我最深的印象是君士坦丁凯旋门。巴黎也有凯旋门，应该是法国向意大利学习的吧？另外就是已经变成残垣断壁的斗兽场。不论是人与兽斗，还是作为奴隶的人与人斗，斗兽场是奴隶社会最残忍、最血腥的见证。在千百年后的20世纪60年代，我站在了这个斗兽场里，更难想象当年白刀子进、红刀子出，每时每刻的死亡、惨厉的嘶喊，看台上的观众奴隶主们却能毫无人性地欢呼呐喊，这实在是太残忍了！

再下一站是那不勒斯。因为在芭蕾舞剧《天鹅湖》第三幕里有一段那不勒斯舞挺有名气，我也看过很多次，所以来到这个城市有种异常亲切的感觉。以前我们学地理的时候，知道这里有一座维苏威火山，在古时候一次猛烈地喷发，将庞贝城和数以千计的居民眨眼间完全埋没在熔

岩和火山灰之下。我们参观庞
贝古城遗址时，仍然可以感受
到当年那如世界末日般的恐
惧。今天远眺维苏威火山，它
却是那么秀丽安详。它成为那
不勒斯一道天然迷人的风景
线，一张秀美的山水图。

告别那不勒斯再南下，直
到最南端的西西里岛，来到它
的首府巴勒摩。据说就在我们
到达的前几天，在街道上还曾
发生过警匪枪战。听着挺吓人
的，也不知是真是假。我们照
常排练演出，大家还到地中海
海边去游览了一番，那港湾里
的海水竟是如此清澈，是我在
别的地方从来没有见过的。意
大利餐有些味道和中餐有点儿
像，那里的肉末酱拌面条、比
萨饼、小水饺汤跟咱们的炸酱
面、馅饼、煮水饺差不多，还
吃得习惯。据说都是马可·波
罗从中国带到意大利来的。

1964年5月，与金仲华团长等在西西里岛的
巴勒莫海滨

1964年5月，与王鸣仲、张锐、严海登、陈
爱莲、刘德海、杨春霞、陆春龄等在米兰市
玛赫蒂尼公司参加记者会后

告别巴拉摩转回头北上，纵贯意大利全境，前往北方的米兰、都灵
和水城威尼斯三座城市。此行我们是乘火车，列车在崇山峻岭间穿行，
多到数不清的隧道、山洞，早年要依山盘旋上下的盘山道，变成了隧洞
桥梁相连的穿山道，大大缩短了行程和运行时间。当时号称"欧洲第一
长洞"的阿尔卑斯山隧道就在意大利境内。都灵是工业重镇，米兰是世
界著名的时装中心。在米兰我们参观了玛赫蒂尼酒厂，酒厂主人招待我
们享用了一次较为正式的意大利餐。其中一道菜是一坨生饺子馅儿一样

在威尼斯圣·马可广场

在威尼斯火车站前的广场上逗鸽子（金
仲华团长拍摄）

在威尼斯所住酒店临河的阳台

的牛肉末，拌着素菜正正当当地放在盘子中间端了上来，接着就是大伙儿大吃特吃这"生饺子馅儿"。最后一道甜点是滚烫的巧克力浇在冰激凌上，就叫它火烧冰激凌吧。也是第一次品尝。

威尼斯就大不一样了，"水城"果然名不虚传。河道与大大小小、各式各样的桥梁组成了水陆交通网。像苏州一样，也是"人家尽枕河，古宫闲地少，水港小桥多"。入夜后可以更清晰地听到"冈都拉"——一种两头上翘、月牙形的小船，船夫略带沙哑的、风味十足的意大利情歌和民间小调，由远而近地传入耳边，再渐渐地消失在远方……

我们在意大利八个城市巡演了大约一个多月，每个城市都得待上一个多星期，进行装台、演出、观光交流、拆台等。舞台美工就是专门做装台、拆台工作的，很辛苦。但我们演出时，他们就轻松了。如果是京剧整出大戏的演出，我们舞蹈演员就可以轻松一下，出去游览名胜古迹了。但有时我们也得客串花果山的小猴子，那时就成了京剧演员。

5月下旬，告别了马可·波罗的故乡，便去了有"世界花园"之称的瑞士，访问了世界名城日内瓦。它是那么清洁和美丽，环绕日内瓦湖有许多公园。家家户户房前屋后都是修剪整齐的绿草地，映衬着远处的青山如黛、近处的碧水微澜。目光所及之处都是如画的美景。还要去哪里找天堂？这儿就是"洋天堂"。就在这个城市，一次在大家就餐之际，听到了当时很新潮的流行音乐。先是一阵小宝宝的啼哭声，十分逼真，于是大家不约而同左盼右顾地寻找着小宝宝。此时音乐开始了，宝宝的哭声渐渐远去。此招完全达到了吸引听者注意力的目的。当地的人早已习以为常，不会上当受骗。餐厅的服务员们还露出狡猾的笑容，看着又一批远道而来的上当客。

在这里我用了半年零用钱的大部分，给我老爸买了一块瑞士西玛牌的怀表，孝顺他老人家。当他接到这份礼物的时候，很激动地说："唉哟哟，怎么为我花这么多钱呢？"我的心里却非常高兴。老爸还叫我老姑给他用丝绒布料做了一个小巧的表袋。从此，他就把那只怀表一直揣在

1964年5月，在瑞士日内瓦，与杜近芳、杨春霞（上海京剧院）留影

在布鲁塞尔世界博览会场址

在比利时布鲁塞尔郊区某城堡

贴身的内衣口袋里。

六七月间，我们还访问了德国的金融中心城市法兰克福、比利时的布鲁塞尔。布鲁塞尔那个原子模型式的高塔，是举办世界博览会的标志性建筑。

荷兰的阿姆斯特丹是我们访问的最后一个城市。风车、奶牛、郁金香，是荷兰最具代表性的三样东西。车行在郁金香的海洋里，远看高大的风车在不急不缓地转动，近处黑白斑状花相间的奶牛悠然地啃食着嫩嫩的青草。这是一幅多么美妙的荷兰乡村图！在这三个地方，我们的演出一如往常地受到观众的热烈欢迎，这是我们的主要任务；参观游览也一如往常地受到我们自己的热烈欢迎，这是我们的另一项任务，也完成得很好。

7月中旬，西欧六国15个城市巡演了无数场，一切都如预期，演出成功，大家都健康平安。现在要做的就是平安地回到家中。返回国内的路线是：从荷兰飞到巴基斯坦的卡拉奇，再转机飞回上海。到达卡拉奇的时候，差点儿把我们热昏过去。当地的气温是我所到过的地方里最热的，热得好像连汗都待不住，还一出来就蒸发掉了。在卡拉奇我们住进了荷兰航空公司所属的旅馆，它的防暑空调设备功力很强，第一天因为看不懂英文不会操控冷气的温度调节器，他们原来把温度又调得太低，第二天早上醒来只觉得脖子发僵、头发蒙。原来室温低得差一点儿把人给速冻了，没有背过气去就万幸了。我们赶紧向使馆的人学会调温，才免于被"冷藏"。第二天乘坐巴基斯坦航空公司的班机，经过东巴的达卡停了一下，就直飞上海了。

老天爷就像是知道我们是从巴基斯坦回来，温度太低了会冻着我们似的，上海迎接我们的竟是37到38度的高温。到了上海自然要去拜访我未来的岳父岳母和醇英的弟弟妹妹们。这时我才告诉他们，我们去了意大利，去了哪些城市。当高妈妈给她的大姐姐爱德娜写信时，告诉她们她未来的女婿曾到她们的家乡博洛尼亚访问并进行了演出，爱德娜大姨妈回信时询问她为什么不事先告诉她们，以至于错过了和我见面和接待我的机会。去西欧之前我知道醇英有个大姨妈在意大利，可是在哪个城市我不知道。我们都认为不让她们知道我会去意大利为好，多一事不如少一事。要是她们真的来见我，叫我去她们家里做客，这都可能给艺术团增加不便，我也会受批评的。我和她们素未谋面，语言又不通，还是不见为好。在还没有改革开放的那个年代，有海外关系并与海外联系，是件很敏感而又很容易造成麻烦的。当然，若放到今天，我会用不同的思维方式去想这个问题：我不远千里万里来到这里，怎能不和亲人见个面呢？此一时彼一时，时代不同了。

离家半年，家里的气氛为之一变，到处在讲革命现代戏。在近20个小时由上海返回北京的列车上，人们用一种像是看外星人一样的目光，看着我们这一大帮人。我们这些衣装整齐或者说笔挺的人，成了人们品头论足的样本，好像我们离这个时代有点儿远，不太合拍似的。不要紧，很快外部环境就会让人进入状况，这种疏离和不适感很快就会过去。作为一个社会中的人，尤其是文化艺术圈的人，不进入社会生活的规则之中，那是行不通的。

醇英与英国芭蕾舞蹈家同台演出

　　1964 年 3 月，英国著名芭蕾舞演员帕尔·格雷来中国和北京舞蹈学校实验芭蕾舞剧团联合演出。帕尔·格雷女士主演了《天鹅湖》第二幕、《仙女们》等节目。醇英也参加了这次联合演出，她和吴祖捷演出的舞剧《唐·吉诃德》终场的大双人舞，依旧是整场演出的压轴节目，受到了观众的热烈欢迎，为这次中英两国芭蕾舞的联合演出增添了无限光彩。

1964 年 3 月中英芭蕾舞联合演出节目单，压轴节目：高醇英、吴祖捷的双人舞

帕尔·格雷女士剧照

唐·吉诃德 芭蕾舞剧团演出

天 鹅 湖 芭蕾舞剧团演出

《唐·吉诃德》双人舞剧照，右上：高醇英 吴祖捷

醇英与《红色娘子军》

1964 年，醇英的舞团开始创作排练芭蕾舞剧《红色娘子军》。在此期间，江青曾在天桥剧场观看了《天鹅湖》，由醇英出演黑天鹅。在第三幕的最高潮，那 32 个"挥鞭转"她转得非常漂亮，足尖像根钉子一样，一上一下快速转圈完全没有移动地方。演出后江青说："你们芭蕾舞团的技术很好。"

在《红色娘子军》的创作和修改过程中，醇英参加了琼花在一幕独舞的修改、二幕斗笠舞的加工。这两段舞的修改本，为后来拍摄电影所保留和采用。二幕小战士持手榴弹的独舞，醇英是主要的编排者。我也帮她设计了一两个有中国古典舞特点的动作，例如，在舞台左前角做的掖腿老鹰展翅蹲和在舞台右前角的山膀按掌位置上握手榴弹，在脚尖上做高斜探海的姿势。

为了创作和演出《红色娘子军》，舞团主创人员和全体演员曾到山西大同的解放军部队去体验生活。这期间前后有两次实弹射击。第一次预演时，醇英趴在靶场地上瞄准，三点怎么也成不了一线，连人带枪一齐晃，半天也打不出一枪。后来一位老师在她头部上方用东西挡住阳光，并且按住她的头，让她不要乱动。她三枪分别打出了 8 环、8 环、9 环共25 环的好成绩。第二天到了正式打靶，没人帮忙按着头了，结果三枪又打出了零蛋的超低水平。女演员她们开玩笑地说"高醇英那三枪都打到了地球"，或者很可能是打了别人的靶子也说不定。那种枪身重、开枪声音大的步枪，个子小一点的女孩子使用起来很吃力。不管怎么说，总算有了实弹射击的体验，这对于一个演战士的人来讲，也算有了些感性了解了吧。

还有一次是引爆炸药包的演习：一个真正的炸药包里面会装很多的炸药，给他们演习用的炸药包只放了很少的一点点炸药，其他部分都填了些什么就不得而知了。那炸药包的外形与真的一样，只是引信特别长，用以延长起爆的时间，可以让大家有充裕的时间跑到安全的地区并隐蔽起来。他们事后说起当时的情景，笑说一个平时很安静的女孩子，在看到引信被拉燃的瞬间，异常快地奔跑到了掩体的后面。看来目的性强，动力就大。当那半斤左右的炸药爆炸时，人就像是被震得离开地面一样。可想而知，要是十几、二十斤的炸药的威力，的确不是闹着玩儿的。把钢筋混凝土的碉堡送上天，就是一点儿也不奇怪的事儿了。

1964年还是《天鹅湖》和《红色娘子军》可以并存的年代。中央芭蕾舞团于该年初冬到广州和深圳巡回演出。广州留给醇英最深的印象是，在中山纪念堂正门前宽阔的大道两侧，种植着排列成行的高大的玉兰树，傍晚时分散发出阵阵芳香，浓得化都化不开，像是进入天堂与仙境。因气候之故，北方不会有这样的场景，即使在南方也不多见。接待方还每天在化妆室每个桌上摆放着芬芳迷人的玉兰花，实在是太美妙了。醇英常把那些芳香的玉兰花带在身上或别在头发上。

说起深圳这个地方，当年只是广东省宝安县一个渔村，由于是通往香港的边境口岸，地理位置重要，所以迎来了国家级的中央芭蕾舞团到此巡演。由于不是出国演出，醇英就没有被排挤在外。许多香港人特地赶到深圳来看中央芭蕾舞团的精彩演出，演出轰动一时。演出期间，香港的不少媒体过罗湖桥来观摩演出，进行了许多报道。《大公报》记者曾给醇英寄来她演《天鹅湖》三幕的剧照，照片体现出的舞蹈动作的动感非常好，非常专业，为当年在深圳的演出留下了珍贵的回忆。但是这位记者先生是谁，我们一直都不知道。在此致上我们真诚的谢意！香港居民也有许多人前来观看舞蹈团在广州、深圳两地的演出。

中央芭蕾舞团四位主要演员合影于深圳戏院大门口，1964年10月29日由香港《大公报》记者摄
右起：高醇英、白淑湘、赵汝蘅、钟润良

1964年11月，在深圳演出《天鹅湖》第三幕，高醇英饰演黑天鹅，在转完32个圈之后的辉煌场面，《大公报》记者摄影

1964年11月在深圳演出《天鹅湖》第三幕，高醇英饰演黑天鹅，吴祖捷饰演王子，《大公报》记者摄影

香港《大公报》报道《天鹅湖》第三幕,黑天鹅高醇英转完32个原地单脚尖圈后辉煌的场面

1964年11月,中央芭蕾舞团赴深圳演出全团合影

寒冬山村露天演出

　　回京后，中央芭蕾舞团组织小分队去农村演出。那是在北京数九寒冬的时候，气温常在零下二十几度到零下三十度左右。他们前往的地点是远郊延庆的大山里，所有的演出人员不论男女老少，均自己背着背包，要步行三十几里，穿过长城豁口，才到达那个长城脚下的小山村。这是一段很艰难的路程。走过前十里路之后，两条腿就已经不是自己的了，只是机械地、不自主地拖动。身材纤细的舞蹈演员们突然一下几里地长途行走，从下午一点一直走到七点，还要背上很重的冬天用的行李包，这是很伤身体的。

　　到村里之后的演出是在户外露天进行的。那零下二十几度的气温冷成什么样呢？里面穿上卫生衣裤加上毛衣，再穿棉衣，最外面是棉大衣，加上头上的厚棉帽或者更暖和的皮毛帽子，就是这么里三层外三层地穿，只要风一吹依旧像什么也没穿一样，还是透心儿凉。而女演员们演出服装单薄，还要穿上足尖鞋，在冻了冰的泥土地上表演。醇英参与演出的"大头娃娃舞"，是每场必演的戏码。那个舞蹈的基本动作，就是五个指头大张开。虽然破例让演员戴上薄薄的白色线手套，可是几分钟不到两只手就完全冻僵，毫无知觉了。其实来看戏的老乡们大晚上的长时间坐在室外，就算穿着棉袄、裹着皮袄也冻得够呛，也很受罪。到今天我也不明白，为什么不能找一个室内的场地演出。若是没有室内的场地，那为什么非要在严冬中去农村，在冰天雪地中演出呢。很心疼醇英。

大歌舞《东方红》与亚非革命舞剧

1965 年，我们中国歌剧舞剧院的舞剧团参加了大歌舞《东方红》的演出。我们团参加演出的段落有："秋收起义""遵义会议""情深谊长""过草地""陕北会师""横渡长江""占领南京""开国大典"。在大歌舞《东方红》这个演出集体里，那可真是一切行动军事化，近千人上台、下台，换装、抢装井井有条。参演人员都兢兢业业，这也是每个单位小集体的荣誉感在激励着大家，互相比着看谁表现得更好。

有一天芭蕾舞团的各位兄弟姐妹来人民大会堂看演出。演到"秋收起义"那一段，我一个人手持大火把站在五六层高的平台上，做大掖步翻身后双腿下蹲，接右手高擎火把左拧身劈叉跳，跳下高台后做左右两边的翻身劈腿大跳等动作，之后一大群火把上场，进入下一段。跳那段独舞的时候，有一个哥们儿说："这是谁跳的？挺棒的嘛！"这时坐在他附近的毋秀忠答道："那是王庚尧。"还是老同学了解我，一眼就认出我来了。

在横渡长江那场戏里，为了表现长江风急浪高，战士们破浪前进，采用了许多翻腾的技巧。其中有 12 个人一起做前滚翻接"扑虎"，再连续做四次"倒扎虎"的高难度动作，来表现战士们在江水中载沉载浮、破浪奋进的形象。我们团派出的四个人——刘大兴、邵关林、蔡景昇和我，在排练演出和后来的拍摄过程中，保持了无伤满员的光荣记录。令人可惜的是，因为我个子高排在后面，在做"倒扎虎"时镜头没扫到，电影里看不到。

大歌舞的演出告一段落之后，我们向战友文工团学演了小舞剧《椰林怒火》。在剧中我出演爬上椰子树摘取南越国旗的年轻人。这种身体不挨树干，只用双手双脚轮换向上抱握蹬踏，像杂技爬竿一样的爬树法，还真让我很认真地练了一阵子，才可以很有把握、自如地运用于演出中。对于一个舞剧演员来说，戏里需要什么特殊动作或技巧，都要额外地演练，还要尽快地掌握。就算和舞蹈动作技巧毫不相干，也要练会。

1965年，王庚尧在《东方红》大歌舞中"秋收起义"一节担任领舞

　　再后来，我们舞剧团创作了一部舞剧《刚果河在怒吼》，是根据海政话剧团演出的《赤道战鼓》一剧改编的。我们团前后只用了几个月就初步创作出来了。我是男主角米林迪第二组。因我们团演员不够多，我还需要兼任其他角色。一个剧目尤其是在初创之时，只能由第一组的演员主要排练和演出，要等到完全步入正轨，才会排练第二组做轮换演出。可是就在第一组仅演出了不多的场次时，扮演男主角米林迪第一组的演员不慎扭伤了腿脚，无法继续演出。然而还有几场的票已售出，怎么办？这时北京舞蹈界的一个"神话故事"上演了。游惠海导演和我反复做了分析和安排后，向全体演出人员宣布："今天晚上王庚尧可以代替演出。"此时距晚上演出的时间不到12小时。具体方法是叫我一天不要下楼，连饭菜都有人送上来。我就专心反复地听演出的录音，将我的几段独舞的音乐配好、配熟。场面的部分则由剧中扮演男主角的妻子罗扎丽的演员，以追随剧中男主人公号召和指挥的形式，尽量靠近我，以准备我有不时之需，运用眼神、手势等一切舞台上可以动用的手段，提醒我走准位置以及做出号召和鼓动大家的动作和造型，我便可以在台上准确地指挥大家。几段独舞，我平时自己练习过，全部动作我已经掌握，但

是没有演出过。至于场面的调度及造型，虽然我表演其他角色时，已经从另一个角度看过不少次，但我没有站在男主角的位置上排练演出过。整个演出过程当中，大伙儿都把全部注意力放在我身上，他们十分在意合好音乐、走好位置、做好场面调度，眼睛没有一刻离开过我。我用了不到12个小时的时间，就将一个三幕五场的大型舞剧男主角的全部动作和场面记熟，并表演了出来。也该算是个奇迹类的神话般的纪录了吧！观众反应不错，我也真的是尽了全力。表演团体有句话叫

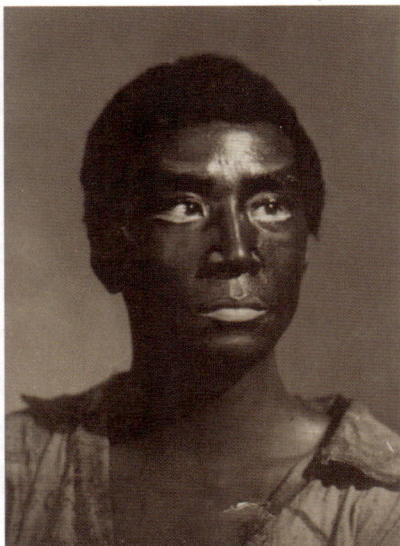

在《刚果河在怒吼》中，饰演男主角米林迪的化妆造型

作"救场如救火"，我应该算是一个很不错的、挺可人疼的"消防队员"了。为了这次"救火"，我不知道死了多少细胞，连头发都快白了。这样的经历不知道有没有第二个人？现在回想起来，我当时太有勇气了，胆儿也够大的。真是"逼上梁山"啊！

我们结婚了

1965 年 3 月 15 日，我和醇英在北京市宣武区（今西城区）民政局办理了结婚登记。那天我们俩拿着"十辛百苦"（因为还到不了千辛万苦）从各自单位开来的介绍信，走进了结婚登记处的办公室。那位不算十分和蔼可亲的女办事员，劈头就是一句："你们俩干吗来了？"大概是看我们俩长得都不像 25 岁，还没有达到允许结婚的年龄，故有此一问。我俩的回答当然是："结婚登记。"然后我们恭敬地递上了单位的介绍信。那位办事员十分狐疑地看着那两张介绍信，好像它会是假的一样。殊不知，为了这两张介绍信，我们俩像皮球一样，让两个单位踢来踢去。我们院人事科说："只要芭蕾舞团同意给高醇英开信，我们就给你开。"芭蕾舞团人事科则说："中国歌剧舞剧院那边同意给王庚尧开信，我们没问题，一定给你开。"如此几个往返，我俩差点儿又要"昏"过去。

当时有政策提倡晚婚，首先男女双方要超过婚姻法规定男 20 岁、女 18 岁的年龄起始的限制，并且二人的年龄加起来要超过 50 岁才能结婚。我俩当时都已超过 25 岁，加起来已是 50 岁挂零儿了，我们既符合婚姻法，又符合新规定。为拿到介绍信，还是要几次奔波，好像我们结婚是做错了什么事似的。因为我们这一批同学年龄都相仿，单位一旦同意了我们俩结婚，这个闸门一开就不好关了。随着结婚而来的分房子的问题，才是每个单位都十分头痛的事。单身的时候，可以 4 到 6 个人住上下铺，生活在一间屋子里；而结了婚，无论如何夫妻俩也不可能和其他人再合住在一间屋子了，这才是问题的关键所在。已经记不得到底是哪个单位先发了慈悲之心，我们才拿到了介绍信，并得以登记成了合法夫妻。果然在我们俩结婚之后，两个单位的适龄男女就接二连三地成了家。我们单位分给我的新房，是一大一小两间卧室的单元房里的那间小房，只有 10.74 平方米。这年醇英回上海探亲，我的岳母见到她第一句话，就是叫她"王太太"。

我俩办了结婚登记的手续之后，各自都在忙着自己的工作，根本没有时间请人喝喜酒。一直到 8 月上旬，才找到一个两人都有空的时间来举办结婚典礼。

8 月 7 日那天，一大清早我就去了人民大会堂大歌舞《东方红》的拍摄现场，参加由八一电影制片厂著名女导演王萍执导的"情深谊长"一场戏的拍摄。我扮演一个彝族青年，和许多前来送别红军的人们站立在山坡之上。一群彝族少女伴随着"五彩云霞"的优美旋律，翩翩起舞，为红军送行。在这场戏里，我只是一个扛旗手，是颗齿轮或螺丝钉。不管是什么"钉"，一定要到这场戏拍摄完成，王导演说"OK"，我这颗"钉"才能回家结婚去。醇英在家等我的消息：要是今天拍摄过程进展不顺利，这个典礼今天就暂时不办；反之则是结婚大吉，行礼如仪。结果，感谢上帝，下午六点半不到我就拍完了这场戏。我高兴地打了一个电话告知："今天可以结婚了。"于是我的同事们就忙着通知大家来参加婚礼。这种临时通知办婚礼的做法，我想也许是世间少有的吧。我赶紧卸妆、换服装，归心似箭地和大伙儿一起回到了团里，急急地跑到楼上去当新郎。可是我还是晚了一步，在我们俩小小的新房里，早已挤满了许多男女贺客，全是我们俩的同学、同事。醇英给我准备好了干净的衬衫和长裤，但是背心和袜子还都放在新房里。小屋里人挤人，大伙儿连个转身互相交流一下都不容易，我当然更是没法儿进到屋里翻箱倒柜地找我的衣服了。怎么办呢？只好和我的哥们儿借来背心、袜子，在单元的小厕所里拿大瓷缸子冲个凉，换上衣服，就去当新郎了。醇英穿的是高妈妈的朋友从香港邮寄来的、带蕾丝边的白绸衬衫，由上海裁缝师傅量身定制的、朱红底浅色暗花的印度绸短裙，足蹬上海兰棠鞋店定做的半高跟皮鞋。在大伙儿都是穿军便服或制服结婚的时代，她的这身装扮已经很不一般，很别致、很美丽，也挺另类的。

典礼那天，我们团的一位领导，自始至终较为严肃地坐镇在新房之中，以防有什么人做出不太"革命化"的举动而有失体统。我老爸特地在下班后赶来参加我们的婚礼。醇英的小妹妹醇芳是专门从上海赶来参加婚礼的娘家"全权代表"，住在北京的十三孃孃也来了。那天既没有婚纱也没有贺礼，更没有宴客的酒席。那会儿时兴的结婚典礼，一般都是泡几壶茶，来几包香烟，再摆几包尽可能好点儿的糖果，请大家抽抽烟、

1 1962 年的合影，从 1965 年起就一直当作结婚照挂在墙上
2 1963 年又拍了合影
3 北京宣武区南华东街 2 号中国歌剧舞剧院宿舍楼五单元 401
室——10.7 平方米的家一角
4 1982 年春，13 岁的儿子尧尧为我们拍的结婚礼服照

喝点儿茶、吃些喜糖，大伙儿热闹热闹就挺开心的了。我们俩的结婚典礼上冰镇的西瓜和西红柿任大家吃，这在当时就算是有那么点儿"豪华"的味道了。我的好弟兄们一趟趟、一筐筐地去买西瓜，还得扛上四楼，真是辛苦了哥们儿几个。

洞房花烛之夜是多么神圣而激动人心，本该相拥而眠。可是8月的北京天气太热，在既没有电扇更没有冷气的房间里，加上头一次睡"席梦思"床，我觉得床太软，又太热。结果我无可奈何，对我的公主十分抱歉，一个人睡到地板上去了。真是土包子用不惯洋玩意儿。过了一阵儿，天气也不太热了，那会儿就觉得地板太硬了，身上的骨头太突出了，肉不够多了，还是软软的席梦思床要舒服得多。那个席梦思床很宽大，是醇英从上海家中运来的两张单人床合并而成的。我们的新房很小，跟床并排再放个大衣柜，就严丝合缝，没空地儿了。

那会儿就梦想着将来能有个大房间，我们俩能站在床的两边铺床叠被就已经很幸福了，不用每天为了铺床而在床上爬来爬去那么使劲儿折腾了。

现在在宽大的主卧室里铺床时，我们常会提起那个10.74平方米的原始爱巢。我俩常会这样说："Honey快来，咱们俩'幸福'一下，把床铺好。"我们俩的第一个平凡的、很幸福的小理想，这个理想早已经实现了。

许多年后，我们也补拍了不少穿了婚纱和礼服的照片。那会儿我们俩结婚已经17年了，1982年，我们13岁的儿子尧尧给我们俩拍摄合影，我为醇英购置了结婚礼服，我穿的燕尾服是我们演出芭蕾舞《施特劳斯圆舞曲》的演出服，穿起来效果不错。

新疆行

1965 年 10 月，我们舞剧团加入了中央慰问团艺术团的行列，为庆祝新疆维吾尔自治区成立 10 周年赴新疆演出。四天五夜的行程，从北京坐火车一路摇到乌鲁木齐，途经西安时只做短暂停留，哪儿也没去，到此而没有去一游，错过了认识这座古都的好机会。

车行期间，团里组织大家学习国家主席刘少奇所著《论共产党员的修养》一书。印象较深的是，书中引用了孔老夫子所讲的"三十而立，四十而不惑……"的语录。因为这在当时是很久没有提及的老话了。除此之外，就是一日三餐后看看书、玩玩牌，要不就是凝望着车窗外的风景，看着一路向西在渐渐变化着的景物：绿色在慢慢地隐退，黄色在不知不觉间浓重了起来。一出嘉峪关就很不一样了，一望无际的荒原戈壁即刻展现在了眼前。古人云"春风不度玉门关"，还真是那么回事。

到达乌鲁木齐后，我们很快进行了在新疆首府的数场演出。其间大家还去天池游览了一番。由天山雪水灌注而成的火山湖天池，火山口非常深，使得湖水异常清澈而寒凉刺骨。湖的四周生长着十分茂密的森林，风景十分壮观美丽，令人大开眼界。数日后舞剧团大队人马离开乌鲁木齐向南疆进发，途经吐鲁番到达库尔勒，开始了南疆之行的第一站的演出。南疆行的交通工具是大轿子车，离开库尔勒就奔向戈壁荒滩。我们这个分队一路向西，前后去到鄯善、库车、阿克苏和英吉沙等城镇；另一队则南下，深入大漠去到塔克拉玛干大沙漠东南边缘的若羌和且末，这一队人马最辛苦。一路上放眼望去，戈壁是如此浩瀚。大漠上那笔直的一眼望不到尽头的公路，像一条银带铺向天边。尽管养路工每天都在养护，但是路面十分均匀，规律的一凹一凸使得车子行驶其上，不可避免地跟着路面起伏而平均而规律地跳动。坐在车内不消一小时，任谁都会用双手紧捂着肚子，以免内脏给颠错了位。大伙儿把这种戈壁滩上特有的公路叫作"搓板路"。现在南北疆通了火车，真是天大的好事。大的不说，至少它免去了乘客因为坐汽车胃肠被颠得生疼的痛苦。

当深入到南北疆的片片绿洲和大小城镇的时候，你会从心底里说："我们新疆好地方啊，天山南北好牧场。"维吾尔兄弟热情好客，还有独特风味的串烧羊肉、香甜可口的瓜果、高大笔直的白杨树，高山雪水和坎儿井，几百亩一块的台田，马奶子葡萄每一粒都像一兜儿甜甜的蜜糖。那里的西瓜也是别处比不了的，个儿大、皮儿薄、水分多，沙着您的口儿那个甜啊，太好吃了。新疆的莫合烟别有滋味，据说要是再掺进点儿风干的棺材木板末子，吸了之后还会上瘾。

　　我们曾路过火焰山，虽然没有见着铁扇公主和牛魔王，但是看那个山确实是红彤彤的。我们还路过了子母河，没有人敢喝河里一口水，怕像猪八戒一样"怀上孕"就麻烦了。在英吉沙我买了一把维吾尔族工匠手工制作的、有名的英吉沙刀，刀十分古朴，也很锋利，是把好刀。在新疆虽然只逗留了不到一个月，告别时还挺依依不舍的，因为不知道何日才能再来。

参加"四清"运动

1966年初，我们舞剧团所有的人离京，开赴河北省邢台地区参加"四清"运动。首先在县里集训，集中学习有关政策和规定。这时大伙儿被安置在一个大仓库之类的建筑物内，地上铺些秫秸稻草，然后铺上褥子就是床铺了。几百号人比肩而居，排排卧，像罐头里的沙丁鱼。这库房原就不是为住人而建的，所以没有取暖设备，临时放两个大煤球炉子，在如此空旷高大的空间里聊胜于无，无济于事。不仅如此，几乎所有的门窗都漏风，哪位不幸被分配的铺位离门窗近，就只好自认运气不佳了。夜里无孔不入的寒风，让人觉得那门窗的缝比白天大得多，躺下去半小时也不一定暖得过被窝来。尤其是脑袋还不能不露在外面，头会冻得生痛而后发麻。最不愿意做的事就是在奇冷无比的夜里上厕所，不管愿不愿意，天儿越冷，人就特别容易尿多，不去也得去。

集训结束后大伙儿分成许多组，进到各个公社，再被分到不同的生产大队和小队。从县里乘车到公社后，再下去就要靠两条腿了。我们所去的公社叫将军墓。去往村里的路上有个村落叫卸甲堡，我们住的大队就叫将军墓村。看来在古代确有一位打了败仗并受了重伤的悲壮将军，在卸下胄甲之后没能走出多远，就为国尽忠捐躯了，如此才有了将军墓这个名称。是个小山村，几十户人家住得还算集中，另有几户则分散在几个山坳之中，远近不一，远的一家从村里去一趟，怎么也得走四十几分钟，十分不便。舞剧团只有奇伟、小满和我三个人分在这个村。

村子头一年遭了水灾粮食歉收，乡亲们的生活十分清苦。我们按照老规矩吃派饭，每天的伙食费只有三毛钱，实在是太低。可是凡是被派饭的人家，都是倾其所有、尽其所能地做些可口的东西给我们吃。就这样我们仍然吃过酸枣面窝窝头。酸枣面是一种连枣皮带枣核儿一起磨出来的、满是木质纤维的棕色粉末。一口咬下去一嘴的牙齿全部倒，上下牙再也不敢对着嚼东西了。我们还吃过用小杨树叶加一些面粉蒸出来的，叫作"布拉儿"的食物。杨树叶原是一种没有什么营养，还带点儿毒性的植物，得多次用水煮，再用凉水拔，去除毒性才能食用。它只能起到产生饱胀感的作用。有的老乡会煮一锅蔓菁——一种像萝葡的蔬菜来待客。这种高纤维食物就是吃上一大碗，不过两个钟头就会肚子"咕咕"叫，更何况我们是来吃派饭的，不会也不能放开肚子一个劲儿地猛吃。乡亲们家境最好的是用玉米面蒸窝头，并把冻柿子用火烤化放到窝头的洞眼儿里来食用，那个香甜可口，至今回味无穷。那会儿乡亲们的生活很苦很苦，在如此情形下，村干部里有人借去公社出差之便，用公款吃了"麻糖"（北京人说的油饼），这便是一条四不清的"罪状"了。虽然不能说成十恶不赦，一恶总是跑不了的。

我们的小山村里有条小溪，水每日不急不缓地流着。溪水里既有小鱼，也有鳖（甲鱼）。可是乡亲们不习惯吃这些东西，是件遗憾的事。我们也不能浑水摸鱼，只能望鱼兴叹了。但在聊天之际，曾和他们谈起过这些水产物的营养价值和食用方法之类，也不知在我们离开之后，他们是否在饮食习惯上有所改变。

工作在如常有序地进行，一场毫无预警、突如其来的毁灭性的大地震袭击了河北省的宁晋县、巨鹿县、隆尧县、邢台县地区。那天轰隆隆的持续闷响声，把我们和千千万万的人们从梦中惊醒。我们所在的山村距震中直线距离不足百里，震感十分强烈。大地在剧烈地抖动，山岳像龙腾一样扭动着，非常恐怖。好在山区的房屋是用巨大的石块垒成的，在震动中虽发出"嘎嘎"的响声，但是万幸的是房子没有倒塌。如果山区的房子倒塌了人就不必救了，每块方石都是几百斤的重量，人被压在底下，生还的机会几乎等于零。

人在大自然面前是那么的渺小和微不足道。主震之后余震不断，危险时时都存在。我的好友奇伟大哥和那里的地方干部，还有比我年轻的小满，他们都能处之泰然。我想在如此巨大的天灾面前，谁都会有正常的心理畏惧的反应，但他们都会很快地平复。我则会异常地恐惧，以至惶惶不可终日。这不是讲几句鼓励的话或是讲些什么大家都知道的大道理，就可以解决的问题。好在他们很谅解我，并未苛求于我。因此我十分感激。

到了麦收季节，打下麦子就会家家吃分到的麦子，再也没有多余的部分可以用来交公粮了。正在这时，上级来了通知，要求工作队全部撤离回到县里集中待命，这会儿距大家离开北京已经有半年了。

县里的干部知道我们是从北京下来的文艺团体，想看看我们的节目表演，这本该是在常理之中的事。可是好像和当时的气氛有点儿不协调。那些人有种居高临下命令式的霸气，好像是在他们的地盘上，我们就得乖乖地演给他们看。那股劲头儿，叫人打心里不那么舒服。我们也想早点儿回北京和亲人们团聚，因此就出现了贴出拒绝演出的大字报这么一件事。这下伤了当地领导人的面子，捅了马蜂窝，搞得很不愉快。

我们的儿子出生了

那几年，醇英所在的芭蕾舞剧团也不上演《天鹅湖》了，这就给了醇英时间怀孕，也就有了我们的好儿子尧尧。

为了让醇英在上海坐好月子，我把一个北京生产的蜂窝煤炉子拆散了，塞进一个大号的手提帆布包里，搬上了火车，运到了上海。到了上海它就成了宝贝，给它加上烟筒就可以放在室内，既可取暖又安全。上海当时没有这种取暖设备。醇英家原有的洋式壁炉虽很好用，但是耗费的燃料很多，还是用我从北京背来的蜂窝煤炉子更好用点儿。

1969年1月中旬，已经到了儿子该出生的日子了。可是他好像在妈妈的肚子里待得很舒服，暂时还不想来到这个世界上，好像他也知道那会儿"闹文化大革命"，乱哄哄的不消停。我假期已过，等不到儿子出生就得回到北京。就这样过了预产期一个礼拜了，才有了动静。那天醇英肚子疼了，小妹醇芳忙不迭地把她送到了愚园路上最近的医院，离他们住的江苏路只有无轨电车一站路。按照当时的规定，只能到居住地附近的街道中心医院去待产，别的医院不可以去。几个小时之后，经医生检查后，认定尚不到生产的时候，把醇英又请出了医院。到家后那一夜，她在时轻时重的疼痛中度过。第二天又被送到了愚园路上的长宁区中心医院。痛是不停地痛，儿子就是不肯出来，就这样醇英熬了两天。生产的那天风雨交加，只有醇英一个人在候产室里待产，那时不许亲人在身旁。她望着窗外的凄风苦雪无情地敲打着窗扉，多么凄凉和孤独。一阵阵剧烈的疼痛袭来，一阵阵痛苦的呻吟传出。因为腰部剧烈疼痛，她就曾以滚烫的热水袋热敷止痛，甚至把腰部烫出大水泡都不觉得痛，致使她腰背上留下了至今犹在的疤痕。时间一分一秒地推移，风雨渐渐地停息，冬日的阳光偷偷地爬进了产房的窗棂。她被推进了产房，儿子仍然没有主动地往外走。医生为她注射了催产针，就在这时有位经验较丰富的医师发现我们儿子的胎心不太对了，于是果断地采取措施，在不打麻醉药物的情形下，一剪刀剪开，上了产钳，把我们的乖儿子"请"了出来。原来儿子的小脑瓜太硬，位置又不正，耳朵卡在了"门框"上，只好借助医生阿姨的巧手帮忙了。后来醇英对我说："你要是在场，保证把你吓得昏过去，那真是不要命似的惨叫呀。"因为受伤，到了第三天才把儿子抱来让醇英给他喂奶。好在那天只有她一个人生产，儿子不会和别的小宝贝搞错。她一看儿子的面型，尤其是眼睛，特别像他爸爸，于是醇英就给他取小名为"尧尧"。

分娩时切开的伤口需要处理，在医生做伤口缝合的时候，还是不注射麻醉药物。为什么不打麻药就拿针缝？我至今也不懂，实在是残忍。伤口从里到外要缝两层，前后缝了一个多小时，每扎一针都像又生了一个孩子一样地剧痛。几天之后又一件不可思议的事发生了！由于拆线时间过早，醇英生产时剪开的伤口重新爆裂开。医生决定不再缝合，让伤口自己慢慢长好，并要她出院回家疗养，护士每天到家中换药。醇英说换药时每次都痛得像又生了一次孩子一样。我的天哪！在这个最需要我陪在她身边的时候，我却不得不离沪返京去参加"运动"。这给我留下终生的歉疚和遗憾。醇英的伤口两个半月都没能愈合，回到北京去医院做紫外线照射后才慢慢愈合。

尧尧满月那天，外公外婆抱着他，在那个蜂窝煤炉子前面拍了些照

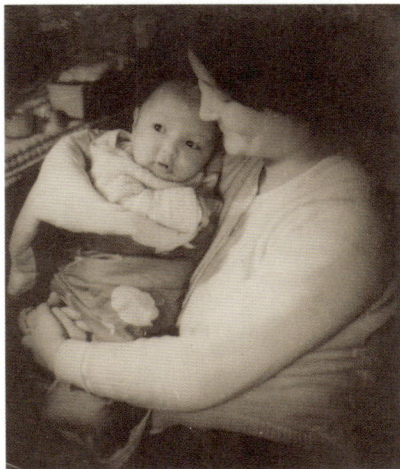

1969 年 2 月初，高醇英和小尧尧母子俩

片，将照片寄给了海外的亲友，分享他们的含饴弄孙之乐。结果没想到，这张照片把一个住在香港的英国老朋友伊维阿姨给吓坏了，她一看，房间黑洞洞的，简陋的煤炉旁边挂满了棉纱尿布，完全失去了洋房原来的精致摆设，变成"七十二家房客"的样子。外婆抱着娃娃，老两口子看上去满脸愁容想笑也笑不出，筋疲力尽，跟他们以前笑容满面、精神焕发的模样简直是天壤之别。老朋友连忙给他们寄钱来，这真是雪中送炭，对当时仅靠岳父每个月极少的生活费过日子的现状来说，是很大的帮助与改善。

巧合的是，我的内弟醇华一个星期六早上醒来，对我岳母说："妈妈，我昨晚做了一个梦，梦见伊维阿姨给咱们寄钱来了。"我岳母翻看了一下英文的《解梦手册》，笑着说："周五晚上做的梦，周六上午告诉别人，梦可圆矣。"大家只当是闲谈而已，开心地一笑也就过去了。没想到的是，当天下午，邮递员真的就送来了一百港元的外汇通知书来，居然就是伊维阿姨寄来的。世界上竟有这么巧的事情发生。岳母的朋友每个月都汇港币来，并且持续了

1969年2月，外公抱着满月的外孙尧尧

尧尧满月时，与外公、外婆在上海家中留影

让香港老朋友大发同情之心，每月给岳父岳母寄来港币的照片

尧尧三个月

母子俩笑得如此开心

好几年，直到我岳母去了香港。

到了这年的4月，我们的宝贝儿子两个半月大的时候，妈妈带他回到了爸爸的身边，回到了北京的家。那天我去车站迎接他们娘儿俩。列车从站外徐徐向站台开来，我的心跳也在慢慢地加速。车子还没停稳，我已逆着车来的方向急步走去，一个一个窗口地向内张望。我首先见到了醇英熟悉的面庞，我的心跳更快了，赶紧向她挥动双手。我们二人四目相对，这时千言万语尽在不言中。也就在这一瞬间，我看到一个陌生小娃娃，漂亮的、圆圆的脸上有一双大大的眼睛，身穿淡黄色的毛衣裤，戴着淡黄色的毛线帽子。他就是我们家的小王子——我们的尧尧。

由于小王子的到来，全家人都很高兴，爷爷、奶奶、姑爷爷、姑奶奶、叔爷爷、叔奶奶和叔叔姑姑们都笑得合不拢嘴。他一下多了许多亲人，长辈疼他、爱他，我的小姑姑抱住他就不愿意放开，还主动担负起喂养他的任务。这对我们双职工来说，简直是天大的好事。尤其是我们俩后来的处境，如若没有姑姑的承担，我们真不知道如何应对了。

1 尧尧和舅舅高醇华

2 尧尧半岁

3 尧尧一岁两个月，与老姑奶奶合影

4 1970年春节，高家与尧尧在上海家中的全家福

5 尧尧一岁半时骑木公鸡的英姿

1	3
2	4
	5

1　尧尧三周岁

2　尧尧三岁半，由上海照
　　相馆高醇英的王表弟
　　拍摄

3　尧尧三岁半时，一家三
　　口在上海拍摄的全家福

4　1975年夏一家三口泛舟
　　颐和园昆明湖

5　尧尧和三姨高醇芳在北京
　　羊房胡同老姑家院子里

1	2
3	4
5	6

1　1973 年秋，尧尧四岁半，和老姑奶奶在颐和园

2　尧尧和爷爷

3　尧尧在学给车子打气，爷爷看得好开心

4　尧尧和姑爷爷、姑奶奶

5　三岁半的尧尧拍的照片

6　1975 年，尧尧和舞剧团的小伙伴在红旗牌轿车前合影

当儿子长到三岁半的时候，一次他非要给我和他妈妈拍一张照片。为了让他高兴，我就简单地教他一点拍照的方法，主要是相机和头贴紧着不要乱动。他就用相机紧紧地靠在鼻子上，把小鼻子都按瘪了。嘿！还真的把我们拍到了，虽然稍稍有点偏，有照片为证。

这年夏天我们三口人去上海探亲，在火车上，小尧尧从车窗内望到火车头冒出的烟尘，在车厢里对我们高声形容："浓烟滚滚！"逗得大家哄堂大笑。到了外婆家，家里光洁的地板很快就让他滑了几个小屁股墩儿。妈妈赶紧帮他在鞋底上钉了橡胶底，这下他又可以到处乱跑了。住了一些天之后，他突然对妈妈说："妈妈，外婆家真阔气。"醇英反问他："为什么外婆家阔气呢？"他挨近妈妈用较小一点声音说："外婆她们有两个马桶。"他指的是洋式的抽水马桶，因为当时北京的平房里只有蹲坑式的公用厕所。他还建议说："回北京的时候，咱们带回去一个吧。"妈妈哈哈大笑起来，他也笑了。

他四五岁的时候，为了让他了解和习惯集体生活，我们特别说服我小姑姑，让尧尧进入在家附近的一个幼儿园去上学，体验学校生活。虽然每天只有短短的三四个小时，一个星期不到他就自己一个人从幼儿园后面绕道，经过附近的小公园溜回了家。他对姑奶奶说："坐在那里还要把手放在后面，还不让说话，真没意思。"还说："饭不好吃。"姑奶奶一听心痛了。她认为去幼儿园待待就行了。我们知道是我小姑姑舍不得，离不开这个大孙子。那就让他们都开心吧！到底是自己亲人照顾得要细致得多。尧尧也是个很乖的孩子，童年就让他过得开开心心吧。

难忘的 1970 年

1970 年年初，文艺界某些人认为整肃异己的机会来到了。醇英被"自愿"下放到五七干校去了。当然上头一声召唤，大伙儿就纷纷表示要去五七干校接受锻炼。那会儿要是谁敢表示不愿意去或是不能去，那就是拿自己开玩笑，自找麻烦。在那个特殊的年代，自己的命运完全掌握在别人的手里。醇英此去一去就是将近七年。人生能有几个七年？对一个正当年的舞蹈艺术家，他们的艺术青春能有三个七年都很不容易了。舞蹈家是要天天练功的，而就在这最富创造力、能走向更高峰的时候，停顿近七年，舞蹈艺术生涯基本上就是戛然而止了。那么多年的苦练，这下可全部付诸东流了。

他们不管你有多大的本事，只要你不那么听话，就让你先下去"锻炼锻炼"再说。芭蕾舞团下放的地方是果园。据说所用的果树杀虫剂毒性很大，尤其是消杀苹果树上红蜘蛛的药剂，若沾染多了会影响到女人的生育。可是这项劳动并没有把女同胞排除在外，似有不妥。我们的老校长戴爱莲作为"反动学术权威"被打倒，被分配去喂猪。有些被定成"现行反革命"的人，要更早地起床，额外地从事更为繁重的体力劳动。被发配到干校的大师傅，心里当然也不会痛快，于是他便着意每天设法为大家做些可口的饭菜，为这些人尽量改善一点儿生活。干校的这位二级厨师还教了醇英一手炒肉丝的窍门儿：先将肉丝过油翻炒，打散后捞出，再煸炒葱姜，加入酱油煸出香味儿，这时再放入肉丝，如此炒出来的菜更鲜美。至今每当炒菜时，我们都会想起这位师傅。

高醇英在干校果园

我也被冤枉了

醇英刚刚下干校没多久，一场莫名其妙的"清查"运动就堂而皇之地登场了。运动开始不到一个月的时间，舞剧团里到处都有人在起劲儿地念着《敦促杜聿明等投降书》，念者真心实意，闻者则是有口难言。周围的气氛一天比一天压抑。这之后不到一周的时间里，在我周围就接二连三地揪出好几个所谓的"×××分子"。我当时真的吓了一跳，没想到"敌情"会如此严重，令人匪夷所思。他们之中有些人还和我接触不少，我们曾一起在小演出队演出，我怎么一点儿都没有察觉呢？完全没有觉得他们是无产阶级的敌人，而且还是最凶恶的敌人。就在这种不停的震惊还没有醒过神儿的时候，我也被点名了，被人硬是给拽上了这趟倒霉的末班车。我一下子就给弄蒙了，我成了"敌人"？无产阶级政权的敌人？不对呀，我想，我不是呀！从13岁进入舞蹈团起就吃公家的饭，是公家教我学艺术、练本领，我感激还来不及呢，怎么会与之为敌呢？这种笑话可是开不得的。但看样子他们还挺认真。那些我当作兄弟姐妹的同学、同事们越是语重心长，我越是打心眼儿里头觉得委曲、难受。根本不存在的事儿硬要你承认，那是很不舒服、很闹心的。你就是全身上下全是嘴，也说不清道不明，说了真话也没有人相信你。对于这种无中生有、强加于人，则不但百口莫辩，更是处处被动。若是面对坏人尚可不予回应，不理那个碴儿；若是面对自己人的穷追不舍，那才是有火不能发，有话没法说。心里只有闷，闷，闷，那是日甚一日的委曲，委曲，还是委曲。

白天开会的时候若是追问一些我在运动中参加的具体事情，我脑子很清楚，也可以很镇定；可是到了下班之后回到家，整个401单元就只剩下我一个人的时候，我会因为委曲和不解而全身止不住地发抖，泪水会止不住地流。有时我会面壁长跪不起，对天喃喃自语："我真的不是什么敌对分子呀，叫我怎么样？你们——我的同学、同事们，什么时候才能理解我、信任我，还我清白啊？"……就这样，在一段不太短的时间里，我吃不下、睡不着，只想抽烟，可是这烟越抽，嘴里越干、越苦、越难受，也就越发吃不下东西。想吃什么呀？几经寻找终于找到了——羊肉汤杂面，它是我的救命餐。

几年之后有人跟我说："我们常在你楼下注意你的窗户，就怕你想不开。我们想跟你说句话，你就使劲儿地瞪着你的牛眼看着人，所以没法和你说一句话。"真的，几年的时间里，凡是被点了名的人，我一句话也不跟他们说，那会儿真的打心里恨他们。你们有问题，可为什么把我也拉上，这种事也可以胡说八道吗？

有一天下班后回到爸爸妈妈家。那时还没有限制我的行动，我十分渴望下班后能离开那个令人窒息和难受的地方，和亲人们在一起，享受被亲人完全信任和关怀的浓浓亲情。那天晚饭后，老爸脸色凝重又不自然地轻声对我说："孩子，"他停了一下才继续说，"多少年的陈谷子烂芝麻都想起来了。"我当然明白他指的是什么。但是，在当时的处境，我更没有权利道破我不是他们的亲生儿子的这个实情。老爸又停了一会儿，才很没有底气地对我说："只要你不被从严处理，你看能怎么办呢？"说完这些话，他就再也没有抬起头来看过我。我马上就明白了，一定是有人到他工作的地方向他施加了压力，把他吓坏了。他怕他唯一的儿子被从严处理，他将如何是好？对于我老爸来说，这是一个十分艰难的抉择：一边是他竭尽全身心养育了30年的儿子，另一边是要从严处理他唯一的儿子那股巨大的政治压力。老爸只能把这个艰难的抉择、这个烫手的山芋，用万分无奈的疑问抛给了我，我必须接下来，还要下决心并付诸行动。自古忠孝不能两全，我若想坚持以孝敬父母为先，就只能用不忠于事实、不忠于做人的基本常理，用一辈子背着在良心上谴责自己的十字架的代价，才能为父母尽孝。也很有可能就因为背了一个"反革命分子"的莫须有罪名，而被剥夺了所有的基本人权，连想面见老爸老妈的权利都没有了，还能尽什么孝呢？！

那一夜，我不停地、反反复复地想了又想，我不能让老爸如此纠结，这么难过地度过他的后半生。我想试试走孝为先的路。老爸如此卑微的声调、如此愧疚的眼神，让我们爷儿俩都感到那么无助和彷徨……

第二天我怀着矛盾和忐忑的心情回到了剧院。为了摆脱艰难的处境，也让老爸放心，我由糊涂反倒猛醒了过来。我只能如实地回答说："不知道。"这样的回答找来的是不停的追问。我的心里反而坦然了，我想，我不能与他们为伍，不然就真的永世不得翻身了。那会儿我真的以为已经"承认"了的人，真的就是上了贼船的人，我怎么可以把自己和他们绑在一起呢？只好老老实实地说："这一切到底是怎么回事？我不明白，我真的什么也不知道。"这样的回答会得到什么样的结果，就是用脚后跟想想也能知道。这场由我制造的闹剧，就在他们严厉的申斥声中结束。连可能到来的任何后果我都没去想，就只觉得说真话比什么都舒服、坦然。当然我也知道我的做法无疑是捅了马蜂窝！果然第二天我的大名就上了四五单元楼外的整个一面墙。"王庚尧不投降就叫他灭亡！"名字上当然都打一个叉子。我的名字第一次写得比演出节目说明书上的还要大、还要突出。从那时起我被禁止外出，如需外出要向学习小组的负责人请假。

没多久就到了春节，因为不许我外出，老爸就到剧团里来看我。我们爷儿俩在一起只谈家常，不谈运动。可是从他的眼神里，我感到了完全的信任和亲切的关怀。老爸尊重我自己的选择，这样我们爷儿俩的心里都敞亮了。老爸把一条大前门香烟递给我后，对我说："知道你心里闷得慌，想抽点儿烟，不过还是少抽点儿好，多喝点儿茶败火。"他又说："想吃点儿什么跟我说，给你做了拿来。""您放心，我会照顾自己。"我说："就想您在这儿多待会儿。尧尧那儿您就多费心了，您也替我谢谢我老姑。要不是老姑，我们真不知道怎么办了。醇英不在城里，我又不能回家。"老爸说："你自个儿留神身体就行了，我跟你老姑你就放心吧。"醇英去了乡下五七干校，我被禁止回家，原本应该幸福美满的家庭就这样被弄得四分五裂。尤其是在年关一家人最应该团聚的时刻，尤让人觉得不近人情。不知道还有多少个家庭和我们一样，或者更不幸。

又过了不久，在农历正月初几的一天，大约是我老爸把我的事告诉了我的大姑姑，她老人家从阜成门外甘家口，倒了几次公共汽车来到了南华东街我们舞剧团的驻地。一到传达室她就连声说道："庚尧这孩子，每年都会给我拜年去，今年不知是怎么了，也不给我来拜年，也不给我个话儿，让我呼哧带喘地从大老远的地儿上他这儿来。看我怎么说他。

请问您，王庚尧住在哪个房子？劳驾您带我去一下。"就这么连珠炮似的，叫人没有插话的机会，传达室人见她挺大的年纪了，就叫人带她到五单元并一直送到四楼，到了单元门口对她说："大妈，他就住在这个单元里，您进去吧。"我早就听到她老人家在楼道里的喘息声和一路对我的抱怨声。当我打开门将她老人家接进屋的时候，她扬起那我熟悉、慈祥的面庞，笑嘻嘻地眨了一下眼睛，指着我的头对我说："小子，怕什么！真的假不了，假的也真不了。"紧接着又说："快给我弄点儿水喝。这四层楼爬上来，还真有点儿喘呢。"我说："早给您准备着呢。"大姑姑一边喝着茶，一边把她在传达室和人家说了些什么，跟我又说了一回。我们俩相视一笑，尽在不言之中。大姑姑用她每月不多的收入给我买了一条很好的香烟。不在东西的好坏与贵贱，亲人就是亲人，这种关怀是无私的、全身心的。所以这礼物是不能不收下的，只有从心坎儿里说一声"谢了大姑姑！"，我们俩心知肚明。就连远在千里之外我的岳父母，在给醇英的来信中也要她转告亲人们对我的信任。有了亲人们的支持，我更有信心了。就是这亲情的力量，帮助我战胜了那不可抗拒的强大的政治压力。

我的好友小康当时也在被禁回家之列，可是他不但回了家，而且痛痛快快地醉了一把，过了一个不寻常的春节。节后事儿就来了，开会批判这位老兄。开会这天，全体人员在排练厅集合，当时还被叫作"革命群众"的兄弟姐妹们靠在大镜子那边，坐东朝西坐了一片。已经被揪出来的各位，坐北朝南又坐了另一大片。我从门口进来左右一看，坐哪边都不舒服。坐"革命群众"那边，万一出来一个半个人当众把我赶出来，那不是自取其辱吗？那边那拨，我和他们不一样，我不会往那边坐。于是我就把椅子放在这两拨人的中间——大厅的东北角门口附近坐了下来。这个会虽不是为我而开，但是我可以感到各种各样的目光在向我射过来，有赞许的，有看热闹的，也有心里不舒服的。几十年后回过头去看看想想，我还挺聪明的，反应也挺快的。可也真有那么点儿可笑。但是，当时我是怎么也笑不出来。

突然有一天晚上，有人通知我军宣队的找我。我到了他们的办公室，见到两位职位不高的干部，叫我坐下来就直截了当问道："你想好了吗？”我回答说：“想好了。”“那就交代吧。”“我不是什么‘×××分子’，我怎么交代呀。”我很平静地回答他们。这会儿他们两个人中间的一位说道：“你不要以为你不交代，我们就不能给你定案了吗？你不说，我们也照样可以给你定案。”我当时条件反射一样，很快地说出了一句话：“解放军是讲政策的，你们不会这么做。”那个人像被针扎了一样，也很快地对我“你”了一声，就说不下去了。他若说“我们就会给你定案”，那就是不讲政策。他也不会说：“你说得对，我们不会这样做”，那不是完全同意了我的看法吗？怎么说都不对，只好厉声地对我说：“回去好好想想去，到底交不交代。”

怎么可以这样？这可是政治问题，决定一个人前途甚至是生死的原则问题。明明没有的事、不存在的事，硬被人说成是存在过的，又那么郑重其事、大张旗鼓。那种被冤枉的感觉，是所有的感觉里叫人最不舒服、最沉闷、最无奈、最窝心的。吐不出来，咽不下去。吐出来有些人不相信，或是不愿意信，有些人是心里信而嘴上不能表示什么。在当时明哲保身是无可厚非的，不落井下石就是善良的人。如果投来的目光和说话的语气是温和的，就能让人感到一种异样的温暖。当然咽下去是不可能的，人的天性良知、做人的自尊都不允许自己诬陷自己。那场浩劫在不少人心灵的深处造成的伤害是很深、很重的，也是很不容易消除的。

演员发配到山区部队改行务农

1970 年 5 月 20 日，是个很不一般的日子。我们舞剧团不论男女老幼，100 多口人全体被下发到河北省西北方蔚县一个叫西合营的地方去种水稻改造思想。于是，我们这群舞台上的牛鬼蛇神，如《天仙配》里的金牛星，《钟馗嫁妹》里的破伞、孤灯鬼，《鱼美人》里的蛇精，《盗仙草》里的白蛇娘娘，《宝莲灯》里的三圣母、二郎神，真是牛鬼蛇神一样不少。当然也有英雄、工农兵和美女俊男：《八女颂》里的八位抗联女英雄、荷花仙子、孔雀姑娘、藏民骑兵队的藏族汉子、维吾尔族的少女、蒙古族的女民兵，《农家乐》里的朝鲜族兄弟姐妹、红军战士、解放军官兵、伐木工人，《丰收歌》里健壮美丽的村姑，还有非洲的黑人弟兄……甭管你演过什么，给国家争得过多少荣誉，在城市、进工厂、到农村、去军营为观众做过多少次演出，甚至去炮火连天的战场做过慰问演出……只因为我们单位不属于样板团，就被剥夺了演出的权利，而被发配了下来。

我们舞剧团被编成文艺第二连，第一连应该是歌剧团吧。全连又分成三个排，由部队派来的下级军官担任排长，统抓全局。军人以服从为天职，当他们面对这 100 多号素不相识而又被说成是"牛鬼蛇神"含量很高的人群时，他们全神贯注，全力以赴。随着被冠以各种罪名，被抓出来的人越来越多，整个文艺连几乎成了"牛鬼蛇神"连、"政治犯"大队。这时所谓 95% 以上的人是革命群众的信条已不起作用了，在如此严重的"敌情"面前，宁左勿右是行之有效的、不容易犯错的路。所以他们越是起劲，越是真心实意地抓阶级敌人，就越是帮倒忙。他们真的可能一腔忠诚，想出色地完成任务，也可能是有着一种要当胜利者的快感和舒坦劲儿，不管这片天有多大，驱使着他们杀红了眼似的，揪出的"敌人"越多就越开心。但其实如果一个单位出现 80% 到 90% 的成员是"阶级敌人"，那么这个团体或单位的思想教育和政治工作就是完全失败的。这不是在搬石头砸自己的脚吗？

日子在一天天没尽头地过着。有时候我会站在文艺连营房门口外的大路上，抬头向东望着那白雪皑皑的小五台山。像白发苍苍、安祥慈爱的老人家，俯看着冀西北这块在历史上也曾显赫一时的燕赵土地。壶流河世世代代载着人间的喜悦、悲愁向前奔流。她大概没有想到今天的河水里，又会多了几滴无奈的泪珠吧？每天晚饭后在如血的夕阳里，我茫然地漫步在壶流河边。为了多一点儿个人独处的时间，从连部绕道河边回二排的营房，要多走约半里的路。正是这半里路成了我唯一可以独处的时间，让自个儿可以东想西想，暂时可以不必提防那突然的问话，也可以暂时不用去想那无休止的、大概这辈子也纠缠不清的、发生在我身上的冤枉事……眼望着深春的秧苗、仲夏的稻谷、金秋饱满的谷穗，一日一月又一年地生长、收获，春夏秋冬在轮回。我的前途、我们大家的未来在哪里？难道就在蔚县西河营这片土地上扎根下去了吗？……

因地处黄土高原，蔚县西合营的冬天很冷。一夜的大雪，把我们营房所在的西大坪近一里多宽的沿河平川弄得雪白雪白的。壶流河已经结了近半尺多厚的冰。那里的冬天不刮风的时候不多，两侧几十尺高的大坪，就跟北京胡同两边的房子一样，把河川变成了夹道，西伯利亚来的寒风毫无遮挡地直吹到这里，顺着河川往南狂奔，一直撞上二十几里外的南山，才不得不往高处抬，离开地面上了天。有时候风不大，温度却是零下二十五六度左右，一出屋门，不一会儿连鼻子眼儿里都要冻冰碴儿。我想冻就冻吧，反正跑步练身子骨儿是不能停的。身子骨儿是自个儿的，那是假不了的。练！管他的，不练哪能更结实硬朗呢。一推门就是一股令人窒息的寒气迎面扑来，不管那些，我拔腿就开跑。雪在脚下"沙沙沙"有节奏地响着，我脑子里也没闲着：今天还不知道怎么过呢。小五台山顶上的雪帽子更大了，也不知北京下雪了没有？儿子好吗？他在干什么？他还太小两岁不到，他是不是也在想爸爸妈妈呢？老婆是不是又在受人家的气？我既不能当面安慰她，又帮不上她什么忙。我这个男人当的！我不能生病，每日三餐都要吃足一大塘瓷碗的饭菜。要是生了病只会变成亲痛仇快的事，好心人想关心也不方便。……

就这么想东想西，不知不觉已经跑了快二里地了。

在下放到部队的三年多的时间里，经历了许多事，有些事又叫人很不解。我们团下放的连队是一个生产粮食的部队。蔚县地区因为地势高，天气特别寒冷，稻米一年只有一熟。可是生产出来的大米颗粒饱满，呈蛋圆形，白里泛着浅浅的蓝色。据说口感十分好，因而成了贡米。听说当年延安时期，蔚县一带产的小米就非常可口，专供首长们享用。就因为是生产部队，各种农业机械都有。但是我们文艺连从来没有用过，应该是不允许用。除了老祖宗们使唤了千百年的镰刀和扁担外，全部生产过程都是原始的形态——手工操作，据说有助于思想改造。部队的战士大部分来自四川农村，个头儿不高，可是干农活儿就跟我们练功排练一样，个个是行家里手。往田里挑稻秧，挑的比我们几乎要多一半。我试着在心里和行动上和他们叫过板，那百十斤重的一担稻秧压在肩膀上，不用多大会儿就压得红一片、肿一块，痛得钻心。我没有泄劲儿，拿它当成练身体，一直坚持到完成插秧。因为蔚县天寒，插秧也是个苦差事。一脚踩到水里去，寒气顺着双腿经过后脊梁向上，冷到脖梗子到头顶，脑袋都发麻。当时也在那里下放锻炼的电影学院、美术学院的学生们，因为亲身体验过插秧编了个顺口溜："两层冰一层水，当中夹着肉大腿。"水面一层薄冰，泥土里也是冰，中间是近零度的水。对于我们这些靠双腿、双手为生的人而言，即使十几、二十年的专业培训下来几乎都有程度不同的关节病痛，也必须接受这几近零度的稻田冻水的洗礼、浸泡。主事者毫不珍惜人才，专跟我们过不去。他们根本不考虑我们的专业，我们是要用这双腿来练功和表演舞蹈的。另一个活儿是收割后从田里往库房背稻捆儿。带着些水汽的稻捆儿，十来捆儿就摞到齐大腿高，那重量已经不轻了。我可以背二十捆儿。这样的猛挑死背，把人累得骨头就要散了架，累得头一碰枕头就即刻进入梦乡。此时方可享受几个小时没有压力和慌恐的时光。

人和牲口

有一次我们哥们儿几个在司务长——我们团的厨师陈师傅带领下，去镇上的军粮库拉粮食。上头只配给了一辆大车，没有牲口，要我们用人驾辕和拉边套。走在镇上老乡们对着我们指指点点，说我们这些外行怎么不用牲口而用人？老乡们不解，我们也不解。上边常说下到农村要向贫下中农学习，贫下中农拉车要用骡子、用马、用牛，为什么不让我们向他们学习，也用牲口呢？要知道，骡马拉的大车辕子很宽，把住车把的双臂几乎要完全伸平，驾辕的人既要管车行左右，还要控制住车辕的上下平衡。遇到上下坡和转弯的路，还真要有两把刷子才能玩儿得转。这点我是有亲身体会的，那次就是我在驾辕。当然我们这几个出公差的哥们儿到了镇里，司务长请大家美餐了一顿驴肉。俗话说："天上的龙肉，地上的驴肉。"一吃果然名不虚传，好吃得很，有嚼头儿，不油腻，味道像牛肉，又有一种不同的香味儿。一大海碗驴肉就着馒头，让我们一会儿就"全歼"了。饭后继续上路，出了镇子迈上了大路还有 30 分钟的路程。可是只往前走了 10 分钟，正好有老乡赶着车子回村，见我们拉得辛苦，就叫我们将车把放在他的车尾上一齐拉着走，这就省了我们不少力气。老乡家的闺女坐在车上，不时侧过头来看我们每个人。看得出她是个爽朗的人，这时她特别对我们一个小伙子甜甜地一笑，不知是什么意思。平时很少开玩笑的陈师傅对那个小伙子悄声地说："怎么样？人家可对你笑了。你看行不行？"小伙子半红着脸笑道："您别开逗了。"这也算是苦中作乐吧。

在下放期间会遇到在城里经历不到的事情。到了部队要一切按部队的规章办事，不管你每月的工资是多少，每人每天几毛钱的伙食费，大伙儿全都一样，谁也不许特殊。连队要自己养猪、自己种菜来改善生活。过农历年时村里的杀猪匠太忙，不好找，我们这帮不信邪的哥们儿，就决定自己动手宰猪。我们的一位业余操刀手，不单将杀猪刀，还连他的小胳膊都捅进了猪脖子。按理说，猪应该定死无疑了，但是当我们一松开手，那头猪就跳起来跑了，还是大伙儿追赶上去用扁担敲才没了气。这只可怜而倒霉的猪！

在夏天里抓青蛙、抓鱼，冬天套鸟。天上飞的、地上跑的，能吃的大伙儿都吃了。最难忘的是我们抓活鱼烧鱼汤。在营房的近旁就是给稻田注水的大渠。白天渠水滚滚而来，不少鱼儿遨游其间；到了傍晚闭闸断水，会有一些鱼不幸被搁浅在渠底的大大小小水坑之中。这会儿大家只要下去浑水摸鱼，就会有所收获。其中以无鳞鱼居多，肉多个儿大，抓到一条是一条。大家努把力，可以抓个半脸盆。帮厨的人会从厨房"请"回来点猪油。

没有锅不要紧，用我那个唯一的铸铝的洗脸的大脸盆，拿开水煮一下消消毒，就可以当锅用了。再加上从我们的菜地里现摘的西红柿、扁豆、柿子椒，熬了一盆乳白色、热腾腾、香喷喷的鱼汤。正在大家分食之际，有位兄弟对大家说："我就喝点儿汤算了。"大家七嘴八舌地对他说："你还是吃点儿鱼吧。""你连汤带鱼一块儿吃吧。"在大伙儿一阵阵开心的对话和哄笑声中，很快一盆汤就见了底。现在回想起我那个多功能的洗脸盆，还会在心里笑个不停。

每日三餐，上工去干活儿，下工回住地，都要集合排队齐步走。样样军事化，还唱过不少歌。许多时候都是由一位乐队演奏员王兄起头带唱的。他带唱唱的常常是《大刀进行曲》："大刀——向——，预备——唱！"大伙儿就跟着唱了起来。这就是我们每天部队式的生活。

醇英来蔚县看我

　　醇英第一次到蔚县西合营来看我是在 1971 年春节，那是个冰天雪地寒风刺骨的日子。她穿上棉袄大衣，裹得严严实实的，带上年货，挤上从北京去张家口的火车。大约四五个小时到达张家口，再换乘长途汽车，从坝上沿着陡峭的、盖满冰雪的山坡路慢慢地行驶。司机师傅小心翼翼地开车，总算平安地开到了平川地，这才能较顺畅地行驶在县级的公路上。火车、汽车一路行来都快一天了，她才风尘仆仆地到达目的地。

　　那时我们团已经从镇里搬到了西大坪下那片几乎废弃的旧营房住了。因为醇英的到来，团里照顾我们这对牛郎织女的相会，我被允许离开集体宿舍，到从老乡那里借来的空屋子暂住。

　　因为空房子较长时间没有人住，没有人气和烟火气，就显得特别"凉快"。我们俩不好意思多用老乡家的秋秸，晚上点火烧炕又怕烟气太重没法入睡。没想到入夜后屋子里会这么冰冷冰冷，我俩就把能盖在身上的东西全压在身上，不能乱翻身、乱蹬乱踹，身上还能保持有热乎气儿的状态。我们头上还要戴上帽子，再蒙上被子。可时间长了喘不过气来，只能冒出脑袋来；能喘过气来了，脑袋又会被冻得很不舒服。第二天早上一看，头天晚上放在屋里的一盆水已经全冻成了冰。夜里要是两个人不紧紧地抱在一起，也就给冻成冰块了。这回真的体会到了什么叫作"抱团取暖"了。

西大坪下，西合营下雪盈尺

在西大坪上土堡外

我们住地旁边那条壶流河，不下大雨的时候水流不大，人可以蹚水过河。1972年夏天，醇英第二次来西大坪探亲的时候，我曾把她从河西岸蹚水背到了东岸。在她来蔚县之前，我们接到命令，自东岸的营房搬到了西岸一处废弃的旧营房以作"战备"之需。就在她来到这里的前几天，我们又被命令搬回了原来的住地西大坪，我们二排仍旧住在那个被弃用的旧浴房改成的集体宿舍里。那时已经来不及再通知她，她就去了西岸的住地。从西合营的长途汽车站要步行四五十分钟才能来到西大坪。她只身一人拎了两三个提包，里头搁了不少好吃的东西，走在荒芜的河滩路上，一路走来不见一个人影。那可是一件很可怕的事。真要有什么事，那是呼天喊地都不管用的。但要是叫她绕河而行，走回镇子再从东岸走回来，往返要十几里路。这怎么可以？在大伙儿鼓励和起哄声中，我下河蹚水到西岸，把高家大小姐背过了河。走到河中间因为背着一个人压力大了许多，几乎深陷在河泥之中无法自拔。几经挣扎，总算挪动到了岸边。在大伙儿的一阵呼喊声中，我这出"猪八戒背媳妇"的好戏就这么圆满地收场了。它留在我脑海里的印记，比我留在壶流河中的脚印要深得多，这辈子是忘不了的。

　　因为醇英的到来，我可以搬出集体宿舍和她独处几天。二排的领导把一个离营房很近的存煤的小屋子让我们住。屋内墙角处堆了不少煤，地面是黑色的，四壁当然也是乌黑的，只要稍不留神，身上随时会被上色。"天鹅公主"和"猎人"住进了煤屋子，这是很有意思的经历。房子周围老乡们种了许多葛蔴。蔴田上空是一团团像云雾又像烟尘的蚊子兵团。数量之多、威力之大，没有亲眼所见和亲挨其叮是想象不到的。原来蚊子喜欢蔴这种植物。聪明的醇英带来了蚊帐。但只要一靠近帐子，蚊子就会隔帐而食，照叮不误。所以我们俩必须往中间靠在一起，才能免遭蚊军袭击。只要一进屋就要立刻上床钻进蚊帐之内，不然蚊子瞬间就群起而攻之。于是我们俩就躲在蚊帐中间，过起了《天方夜谭》里阿拉伯公主和王子式的生活了。

1　拿铁锹的样子蛮标准，真正的假农民，像不像三分样

2　和醇英在断水后的大水渠旁

3　后面的小屋原是用来存放煤球的库房，醇英来探亲，架一副床板临时充作客房

回北京探亲

　　来到蔚县一年之后开始放探亲假，自然先从领导们信任重用的兄弟姐妹们开始。在各位兄弟姐妹都依次放过假之后，1971 年的 11 月，作为全团的最后一个，我也被批准回京探亲了。从 1970 年 5 月到这时已经18 个月了。经过十几个小时的行程，终于见到了久别的家，见到了苍老了不少的我的老爸。妈妈因病脑受损，老爸没敢告诉她关于我的事。所以老妈见到我一如既往，只是笑笑，并无异样的感觉。老爸就不一样了。因为来不及事先告诉他们我回来的准确时间，所以他一见到我就连声地说道："唉，哟哟，你回来了怎么也不给个信儿呢？"我只打从心底里深情地叫了一声"爸"就没再说什么。老爸把我带进了我熟悉而温暖的小屋——我爸爸妈妈的家。等我们爷儿俩在八仙桌旁坐定，老爸急切地问我："过得还行吗？"听爸爸这么一问，满腔的委屈终于找到了倾吐的对象，我脱口而出说了一句"连哭的地方都没有"就再也说不下去了。我们爷儿俩都怕让我老妈看见我们难过的样子而加重她的病情，就没再继续说什么。一阵沉默之后，老爸像想起了什么一样，打破沉默对我说："我去你小姑姑那院儿告诉他们去。"我"嗯"了一声，目送爸爸匆匆地走出屋。

　　我小姑姑家离这边只隔几个门，老爸很快到了那边。当他走进小姑姑屋里只说了一句"庚尧回来了"，之后就再也控制不住情绪，放声大哭起来。过了一会儿老爸陪着我小姑姑带着我的心肝宝贝儿子——我的尧尧到这边来了。小姑姑见到我就止不住地哭，我反要安慰她老人家："我回来了，咱们应该高兴。这些日子您受累了！"这时小姑姑对我儿子小尧尧说："胖子，叫爸爸，你爸爸回来了！"我离开他去蔚县的时候，他才一岁四个月，现在他马上要三岁了。分离的时间长达一年六个月，他怎么会记得呢？只见他怯生生地靠在爷爷和姑奶奶的中间，望着这个站在他面前灰头土脸，连笑都笑不利落的男人，半天也叫不出来。我没有难为孩子，他太小了还什么也不懂呢。过会儿慢慢缓过来就好了。果然，第二天我去小姑姑家，说带他去看妈妈，他已经和我很亲很亲了。这种父子亲情是种很奇妙的、不可言喻的感情。小姑姑告诉我，我老爸哭得撕心裂肺的 。我从没见过我的好老爸如此失声痛哭过，我让老爸揪心了。我身不由己，不能常陪在二老身边尽孝道，非常难过。

我和尧尧爷儿俩坐车到京郊朱辛庄后，还要走很长的一段路才能到醇英所在的干校。尧尧毕竟是个孩子，一会儿就走累了，我就背着他走，像我小时候老爸背我，今天轮到我背儿子了。人就这么一代代地传了下来。当我们爷儿俩来到了干校的时候，很容易就找到了醇英的宿舍。见到了醇英，我们一家三口总算团圆了。我们二人围着儿子转，这就是幸福。

不一会儿，醇英的室友续女士回来了，见到我，爽朗的她劈头盖脸就是一句："三儿呀！哎呀，你怎么这个模样呀？"我想我当时一定不受看。不论那一身打扮，还是那一脸的晦气。不过她的爽朗性格确确实实在感染着我。我开始练着笑得好看点儿。太长时间没笑了。

两周时间的探亲假很快就过去了。在下面度日如年的心态是那么不同。中国话讲："快活，快活。"大概高兴就觉得时间过得快吧。

终于回北京了

转眼到了 1973 年上半年。好像上边来了什么指令，清查运动又有了不了了之的趋势。我可以堂堂正正地练功了，并且我能和过去一样教课，还参加了《海岛女民兵》的编排。在这个节目里我第一次表演反派角色，扮演渔霸一角。当年团里为编排《海霞》和《南海长城》，原创人员曾深入体验过生活，这次算是轻车熟路。而且《海岛女民兵》是压缩本的一个小节目，所以创作过程还比较顺利。另一个节目《水库战歌》，则是想要歌颂与我们三年生活息息相关的壶流河。创作只进行了一部分，因要调回北京离开这个地方，创作也就放下了。

就在我们即将返回北京之际，上面安排我们去军部所在地柴沟堡为部队演出。那会儿部队又重新强调练兵，调集了连、营、团级的干部到上面来受训。一天排练之后，在大操场上看到他们正在做投弹训练，那位教练员应该是师长级的军官，一见到我们这些来演出的文艺兵，就叫我们也投投弹。他再三地给我们讲解投弹的要领，我们像小学生一样认真地听。他告诉我们，投出 35 米为及格，45 米为良好，55 米为优秀。我们团里有位姓胡的哥们儿，来团之前是体操运动员。他站在原地，既没有向前跑动，也没有垫步，只一挥手，那手榴弹已飞到六十几米的地方去了。各位军官看得目瞪口呆，连忙呼口号："向文艺连的同志们学习！"口号过后，我们这些人大都试着投了投，至少也都投到良好和优秀之间，为此，文艺连大大地出了一次风头。

还有一件发生在餐厅里有趣的事：某日演出后，部队请我们吃夜宵，八个人一桌。席间刚刚端上一盘椒盐排骨，这时突然停电，整个餐厅一片漆黑。就在大家"噢"了一声、静候电流回来的一分多钟里，奇迹发生了。当餐厅重现光明之时，从我们桌爆发出一阵笑声。因为盘子里的排骨已经一块不剩地被我们每人一起吃光了。妙的是，谁的筷子也没有和别人的相碰或发出响声，都非常有序而准确地每人夹一块吃掉了。该算是妙事一桩。可能是因为我们功夫到家，动作都很默契，台上翻跟斗不会对撞，手中筷子也不会互相乱碰。

　　1974年年初，终于有了调令。我们全团从蔚县返回北京。当时他们要我写的所谓"交代材料"，这时被冠以"思想汇报"几个大字写在封面上，交还给了我。一场长达数年令人心惊肉跳的政治运动，就这么不了了之。因为没有"定反"（我琢磨出来的词儿）所以也不用平反，就这么轻松。至于被整的人心里是什么感受，谁管你！

痛失双亲

1973 年 12 月，岳母和醇芳、醇华离开上海去了香港。之前醇莉也火速跟我们的舞校老同学、东方歌舞团主要演员、印尼归侨李赞宏成婚，双双去了香港。只有岳父孤零零一个人留在上海。1975 年上半年，醇英到上海去照顾我的岳父，帮他料理家务，等待批准他赴港探望病中的岳母。这一年天气很热，在没有冷气和电扇的情况下，每到下午都很难熬。后来找到一处商店可以花一毛八分钱买一块冰，用以消暑。可惜好景不长，后来冰块缺货了，买不到了，害得他们父女俩也就消不成暑了。

那时获准出国是非常困难的事情，幸亏岳父得到廖梦醒伯母的帮助。廖伯母在给外交部侨务组负责人致函中写道："我认识高先生夫妇是在重庆以宋庆龄先生为主席的保卫中国同盟（抗战胜利后改名中国福利会）工作期间。保卫中国同盟是为八路军宣传战绩及筹募款之机关，……每次筹款运动高士愚先生及施嘉德夫妇都非常踊跃帮助，使宋副主席甚为感动。……因我在重庆时期亦共同为保卫中国同盟筹款运动工作过，特为证明。……"

岳父在 1975 年 5 月孑然一身离开上海，醇英挥泪相送。那一年也是我最痛苦的一年，父母都先后离世了。

我们舞剧团和中央歌舞团曾经合并在一起一段时间，后来又分开了。那会儿团里筹备创作大型舞剧《海岛女民兵》，生活和工作都开始步入正轨。就在此时，我最亲爱的老爸突然脑出血被送进了医院。平时我去上班，老爸只送我到院子的门口，然后他会关好院门回到屋里去。可是那天很奇怪，爸爸走出门口，一直把我送到路口，还不停地和我挥手道别。我也几次回头挥手，请他回到家里去。我刚刚到了团里，传达室的人就告诉我："你家里来电话了，说你父亲得急病住进了积水潭医院。"我一下子就吓蒙了。当我赶到医院的时候，老爸已不省人事，呼吸也已十分困难。医院做了他们该做的事：接了氧气，打了利尿、降压针，吸了痰液，等等。可是老爸连一天都没有熬过去。当天下午 4 点，他就过早地走完了生命的全程。正当他该过舒心的退休生活，含饴弄孙，享受天伦之乐的时候，他却突然走了。这天是1975年的4月1日。

后来从他的衣服口袋里见到几张治疗高血压的药方和诊断书。不知他听谁乱说的："高血压药不能随便吃，不然到时候血压真的高了，药就没有用了。"老爸就真的信了，而且那么做了。爸爸从不向我们谈及他的病情，我更不知道他病情的严重程度。加上那会儿我们也缺乏这方面的医学常识，让这个完全可以治疗的疾病，竟被无知耽误了。回想起来真是悔之莫及，让人心里针扎似的，特难受。老爸过世后，我给他买了八宝山陵园当时价格最贵的骨灰盒。老爸厂里的师傅们曾很婉地对我说："你手头宽裕吗？咱们能买另一种的吗？"我很耐心而诚恳地对师傅们说："我还是想给我老爸买最好的那种，厂里不便处理的部分由我来负担。我为什么非要如此，今天我就不多说了，改日我会告诉师傅们，好吗？"师傅们非常通情达理，同意了我的要求。过了两三天，我到北京钢厂去参加了师傅们为我老爸开的追悼会，在会上我含泪向在场的师傅们讲了我的身世，我老爸对我的恩情和几十年的养育之恩。师傅们这下就完全理解了我当时为什么一定要给我老爸买最好的骨灰盒的心意了。

我和我的小姑姑一家人，一直用各种托词蒙蔽着我老妈，不让她知道我老爸已经走了这个事实。一会儿说他住院治疗去了，过些时间又说他去疗养院休养了，要较长的时间才能回来。妈妈因病虽讲话困难，但是她对我们说的话还是挺明白的。她在盼望着我老爸康复后回家来。他们老两口的情感是十分深厚的。为了让我能安心工作没有后顾之忧，我小姑父的弟弟何秉芝叔叔，将我妈妈接到他们家中照料。这样的亲情、这样的深情厚谊，让我无以为报，铭感五内。

约在我老爸过世一个半月后的一天，院子里的邻居在交谈时，无意间说到我老爸的骨灰存放在什么地方、可以存放多久之类的话。这被我老妈听到了。她当时并没有激烈的反应，可是从这以后，她的身体一天天地虚弱了下去，很快就再也无法坐直身子了。她整个身体像被抽去了筋骨和力气一样。虽然她既不咳喘也没有吐泻和发烧，但像是突然失去了知觉，不论说什么她都没有反应，吃喝也越来越少，已经不知进食，好像只求快快地追随我老爸——她几十年来最亲密的老伴儿而去。请了大夫吃了药也不见好，日重一日。我托人买了最好的麝香让她能开窍苏醒，也毫无效用。最后大夫很诚挚而无奈地对我说："尽人事，听天命吧。"就在我老爸走后整整两个月的6月1日，我最亲爱的妈妈也随我老爸而去了。

接连两个月我失去了两位亲人，非常悲哀。剧团的领导和各位兄弟姐妹给了我巨大的支持，好多人也先后两次参加了两位老人的葬礼。团里派车接送大家去陵园，并帮助运灵柩。还一再对我说："有什么困难，只管和团里说。"大家待我多真诚！到今天我都不知该说些什么感激的话，才能表达我深深的谢意。

2002年，王庚尧（前排右）与何家婶婶（前排左）和表弟妹们等，摄于北京羊房胡同婶婶家

唯一不帮我忙、不听我话的仍然是我的胃。接连两个月我失去两位最亲的亲人，精神上的巨大打击又一次反应到了我的胃口上。我的胃好像缩成了一团，除了喝水之外，别的什么东西都咽不下去。羊汤杂面又一次救了我一命，我只能吃得下这个平时并不起眼的，也并不算最好吃的汤面，它在我的胃缩成团、凝成块儿的时候，仍然能在我的胃口处畅通无阻。我真该给这个羊汤杂面发个奖章。

广西行

　　与此同时，我们一行四人：剧院创作室的作曲家舒先生、舞剧团的两位同事和我，前往广西壮族自治区的北海市，为创作《海岛女民兵》去体验生活。第一站到达广西歌舞团所在地南宁。我们向当地的同行们学了一些有地方色彩的舞蹈，还见到了我的同班同学、多年在广西工作的谭美莲。老同学相见分外高兴，也庆幸度过了"文革"十年浩劫，大家都平安健康。第二站我们去了北海市，那是中国南方的一个良港，风光秀丽，是一座很美的城市。住在招待所吃包饭，因为靠海常常吃鱼。早餐白粥配上用干锅焗烤的刚打上来的新鲜小海鱼，鲜香酥脆，真是一大享受，多吃鱼还能御寒。当地有一个文艺宣传队，大多是年轻人，都很好学。我责无旁贷，为他们上了几堂课。当然我们的主要任务和精力是用在访问北海市的女民兵，了解她们的生活、劳作和练兵。真像剧中唱道的："大海边，沙滩上，风吹浪花沙沙响。渔家姑娘在海边哪，练呀哪个练刀枪，练呀么练刀枪。"女民兵们个个身强体壮，英姿飒爽，枪法了得，让人耳目一新，收益不少。时间在忙碌的采访与交流之中飞快地流逝，很快就到了要告别北海这座美丽港城的时候。返程时再次路经南宁，老同学谭美莲帮我给桂林歌舞团的人写了一封信，请他们好好接待我这个远方来客。

　　桂林真的好美，不愧山水甲天下之名。整个桂林就像在画中，无处不美。七星岩、象鼻山等是必去的名胜，名不虚传。虽然我来的时候是冬天，漓江在枯水季江水较浅，但我的游兴正浓，于是我仍在市歌舞团的小伙子们的导游下，乘船顺流而下去了有"甲桂林"之称的阳朔。一路上山水之美妙，我的笨嘴、笨脑加笨手根本形容不出这美丽景色的千百分之一。那真是远离了城市的喧嚣，走进了乡野的宁静。"江水绕山转，山随画舫走。船在江上行，人在画中游。"这就是漓江游的写照。看来还是靠爬格子为生的人形容得美妙。我有时候会想，要是吃喝穿住都不愁，真想就住在那里，收几个学生传授舞艺。桂林市歌舞团的年轻人，也那么好学。而我唯一能做的，就是把我学舞的一些心得体会，尽可能地告诉他们，并让他们在课堂上把理解到的表现出来，这样宾主尽欢。桂林此行更有锦上添花的美事：歌舞团的小年轻们介绍我认识了电影里《刘三姐》的扮演者黄婉秋。交谈后发现她人很热情，没有架子，还口口声声称我王老师，很谦虚、亲切。看上去她比演刘三姐时更成熟了，可还是那么可爱和美丽，那么有气质。

1976 年冬，和《海岛女民兵》创作组人员：作曲舒铁民，舞蹈编导赵青、张国瑜在广西北海北部湾之滨

1　2

3

1　和女民兵队长在北海港的船码头上
2　在桂林象鼻山
3　与桂林歌舞团演员游鸡公山

怀念周总理

1976 年这一年的国家大事也很多。按照惯例，新年伊始的头等大事就是：大伙儿习惯性地看看"两报一刊"的社论，预期这一年可能的动向，预做些心理准备。

哪知道一周之后，周恩来总理就离我们而去了。许许多多的人自发地去天安门广场悼念人们心中的好总理。我也几次去到天安门广场，在纪念碑周围的矮松墙上别上洁白的纸花。一幕幕往事涌上脑海：

我想起了"文革"前的一年，我们学校《鱼美人》的彩车在等待游行预演的时候，周总理走出北京饭店的大门口，来到我们的彩车旁和大家亲切交谈的情景。

我想起了第 26 届世界乒乓球锦标赛在北京举行之际，我们在民族宫剧场演出《鱼美人》招待各国乒乓健儿，周总理出席观看了演出。就在马上要登台之际，有个学生对我说："王老师，总理看咱们演出来了。您听，大家在向他鼓掌呢。"上台演出虽有成千上万的观众，我不会紧张；但是一听说总理来看演出，我就下意识地想演得百分之一百二十那么好，结果劲儿都快用过了头。演出结束后，周总理上台祝贺大家演出成功的时候对我说："你们演得很好。"又亲切地询问道："是不是有些紧张？"我回答说："因为您来了。"他笑了起来。

我想起了国宴时在宴会厅的舞台上为国宾们演出《蛇舞》，我们见到了总理。

我想起了总理宴请缅甸奈温总理的国宴，我们应邀出席，见到了总理。

我想起那年周总理请北京文艺界的人在人民大会堂过元宵节，我见到了总理。

今生我有幸曾经多次和敬爱的周总理共处一堂。在他离我们而去的时候，自己心里有说不出的难过、不舍和无奈！

没有几个月，总司令朱德元帅也与世长辞了。9 月，毛泽东主席也故世了。接二连三地失去国家领导人，人们忧心忡忡。10月就传来了天大的好消息："四人帮"一伙被抓起来了。人们自发地去天安门广场庆祝国家和民族的新生。标语、口号没有人规定非写什么不可，游行集会也没有人规定非如何如何不行。积压在人们心里十年的那口闷气，终于得以畅快地尽情倾吐：唱歌、跳舞、欢呼、游行、集会、写文章……除掉"四人帮"真是大快人心，痛快！

若不是十年浩劫来袭，醇英他们就可能排练《浮士德》中"群魔乱舞"那个精彩的经典节目了。当年莫斯科大剧院来华演出的精品小节目晚会里，"群魔乱舞"这场中列别辛斯卡娅和别加克的领舞，震撼了业内外人士。他俩满台飞窜，一连串高超出奇的跳转和托举看得大家眼花缭乱。至今醇英都十分遗憾地表示，当年没能和《天鹅湖》里"王子"的扮演者和团里另几位大力士一起排练演出《浮士德》这个戏。以"王子"的力气和托举经验，加之醇英的体态小巧灵活，完成节目里所需的高难度托举抛接动作不会太费力气。再加之祖捷、小蹦豆儿、小母、老万等一众技术高超的兄弟们来扮演群魔，一定会呈现一台精彩绝伦的演出。

"四人帮"倒台后，舞剧团复排了《小刀会》。由于我已经在1974年就提出陪醇英赴香港探亲的申请，在角色的安排上，虽然主角潘起祥一角的扮演者我仍榜上有名，但是我的主要角色则是人人可以扮演的小刀会会旗旗手一角。旗手这个角色在这个戏里无足轻重，但是既然分配给我演，我就要把它演好，为这个戏增色添彩。我演得很尽职，以至于有别的团的小伙子说："走，看王庚尧耍大旗去！"谢谢这些小伙子们。行话说："没有小角色，只有小演员。"有时候小角色并不容易演好，既不能过分喧宾夺主地抢了主角的戏，成了哗众取宠，又要尽量为主角起烘托作用。要做到强将手下无弱兵，整台戏每个角色都要尽职精彩，才是一台好戏。从演戏、配戏这个角度讲，我们舞剧团的各位兄弟姐妹都是好样的，真的都是好戏之人，真有戏，有别的团体的导演来我们团导戏之后都不想离开了，演员都太得心应手了。

向宋庆龄辞行

岳母在香港高血压病重，我们终于获准去香港探望。1977 年 8 月的一天，我们接到宋庆龄伯母的邀请，请我们一家三口到她在北京后海北沿的官邸去，特地设家宴为我们饯行。我们能有机会亲自向她老人家辞行，心里都非常高兴。在醇英 8 岁那年曾去过宋伯母在上海的寓所做客。那次宋伯母邀请了从英国来沪探亲醇英的外婆、父母，和醇英、醇莉姐妹俩。今天我和醇英、尧尧可以见到宋伯母，我们三个人都很兴奋。宋伯母的官邸原是醇王府，面积很大，又特别古朴典雅，参天的古树、假山流水，一派皇家气派。走进宋伯母的客厅，靠墙是一套雅致的藤制沙发，正上方端正地悬挂着国父孙中山先生的肖像。靠墙的长条案上，放着醇英用彩色尼龙丝编织的一大朵玫瑰花。那是以前我们为了祝贺新年送给她老人家的小贺礼。宋伯母把它摆放在那么显著的位置上，我们心里好高兴。不一会儿，宋伯母由她的秘书等人陪同和搀扶着来到客厅。她老人家是那么和蔼慈祥，用略带一点点的上海口音和我们亲切地交谈。在宋伯母身边和她话家常，对我和尧尧来说还是第一次。她老人家是那么平易近人，使人感到非常温暖、亲切。伯母向在场的秘书工作人员和永清介绍说："他们两位都是舞蹈家。"她还兴致勃勃地请人放上圆舞曲的唱片音乐，让我邀请她的秘书张珏女士跳了一支舞。宋伯母待我们完全像家里的亲人一样。

那顿丰盛而可口的午餐令人难忘，其中在当时不常吃到的是琵琶大虾，虾又大又鲜，真的难忘。我们要向她告别时，宋伯母还亲自拿了几个大苹果送给了我们的儿子尧尧。宋伯母还送给醇英一个高雅、精致的晚宴小手提包，让我们给醇英的妈妈和小妹也各带去一只。宋伯母另外送给醇英两条漂亮的真丝围巾。这些礼物是那么意义非凡，那么珍贵。这是我们一家三口和宋伯母一次难忘的相见。我们依依不舍地向宋伯母辞别了。

宋庆龄伯母是一位非常重情谊的人。我们到香港后，每逢年节都会收到她老人家寄来的贺卡。平时还常给我们邮寄《中国建设》杂志，一直到 1981 年她离开我们。醇英的小妹妹醇芳，在宋伯母病重期间曾赴京到卧室病床边探望她老人家，并代表全家向宋伯母献上鲜花。她见到了宋伯母的最后一面。我们得到宋伯母对我们如此亲切的关怀，感到我们很有福气。永远怀念我们最敬爱的宋伯母。

最后一出戏

我们在大陆的最后一出戏是在深圳上演的。和 1964 年不同，那次是醇英在舞台上演出的《天鹅湖》，这次是真人秀，是在生活里事先没有编排的演出。

我们先到了广州，在广州乐团十六叔叔士衡叔叔的"椰林小舍"里过夜。十六婶婶陈庆云也是我们的同行，她是广东省歌舞团的主要舞蹈演员，是《丝路花雨》里英娘的扮演者。

1977 年 9 月 3 日，我们清晨 4 点多就起了床。匆匆吃过叔叔为我们准备的早点，就和士衡叔叔、庆云婶婶和他们的宝贝女儿醇茵依依不舍地道了别，乘广州到深圳的直达列车向香港进发。车到深圳，全体乘客都要下车，通过海关验证，然后步行走过一段几十米的木桥通道，就到达香港一侧的海关入口了。全过程其实不应该太复杂，可是我们在等待过关的时候，就有了故事了。

香港同胞过关走另一条通道。他们中的不少人常来常往，多数人是来内地花钱的，只希望他们不久的将来再到内地来花钱。因为身份证件不同，他们验证通关顺畅得多。我们这一群持赴港澳通行证的内地人，比较容易被看成出走的另一类，用笑脸送这些人大概会被看成不够革命，或革命性不强的一类吧。所以海关人员手持我们各位的通行证，依次反复地查看证件上的照片，再看本人多次，目光之不友好，让人被当成贼一样，心里真有点儿不舒服。

这还不算，我们还不能带任何首饰出关。我们在北京工艺美术服务部买了一些首饰，件件正当交易，件件有政府核准的发票。工艺美术服务部明明是合法经营的国营商店，可是海关人员一件也不许带出境。这既不是古董出土文物，也不是博物馆的收藏品，但人家叫你留下你就留下，没得商量。他们说，如有亲友可以寄回去。好吧，那就寄回去。可是当地的邮局的规定也不一般，绝对不便民，邮寄时不可以十几件首饰放进一个包裹里一起寄，而非要每一小件首饰填一个表格，放在一个小盒子里，一件一件分开往回寄。醇英在邮局里足足用了一个半小时才办完邮寄手续，把那些首饰"送"了回去。我和8岁的儿子小尧尧就在那里苦苦地等待，看着其他人一个个地通关而去。

　　就在这时，又发生了一件烦恼的事。不知何故，我们像中了六合彩一样，被一位海关女官员选中。据说她在缉私方面很有一套，有"火眼金睛"。醇英被她带到一个密室中，被要求除去内外所有的衣物，检查是否走私夹带了钻石。这足以污辱了醇英的人格。有什么办法呢？只能忍耐。醇英在回答她的问话时，很诚实而语带伤感，一语双关地说："原来有的，现在没有了。"我们8岁的儿子尧尧也被他们带去单独搜身问话："你爸爸妈妈有没有钻石？"儿子诚实地回答说："没有"。一番折腾后，他们总算满意了，才放我们去通关。我们带的几只箱子全部被打开，被上下翻看检查。当看到几本有我们演出剧照在内的相册时，气氛为之一变。醇英告诉他们，1964年她曾来深圳演出过，并有照片为证。他们兴致勃勃地花了几分钟来翻看这些照片，然后才叫我们收拾箱子，并对我们说："欢迎你们常常回来。"

　　从罗湖海关中国大陆一侧，到香港那一侧，只有几十步之遥，我们却花了足足三个多小时才过关。走上那条分割两边的罗湖桥通道时，别的人早已走得精光，就剩下了我们一家大小三个人。只有我们三人过那个木桥也是难得的一景吧。从早上5点吃了一顿早点，到下午3点多，我们10个小时还没有吃任何东西，早已筋疲力尽。我又提了两大一小三个箱子，走到木桥的中间时已经手酸腿软了。我就对醇英说："让我休息一会儿吧。"她说："不行，就几步路了，你再坚持一下，到那边再歇，不然就赶不上末班火车了。"就这样，我拖着十分疲惫的身子，望着前方的关口，没有兴奋，没有悲伤，没有向往，也没有失落，只感到累和饿，脑袋木木地走过了桥。为了出来探亲，我们不懈努力，花了两年多的时间真是非常不容易啊！现在我们终于能够跟家人团圆了，太高兴了。就这样，醇英回到了她童年时生活过的地方。

　　我们一家三口人踏上了香港的土地。

后 记

几年前，花了点儿时间把我们俩过去几十年的点点滴滴记录了下来。对一个文字水平不太出彩的专业舞蹈演员来说，写作是一件不容易的事，是个苦差事。大小事记述了不少，写完了倍儿开心！

在本书的写作过程中，得到不少亲朋挚友的关心和鼓励。特别要感谢的是醇英的小妹——聪明而能干并十分热心的醇芳，给了我们很有力的精神支持。她在出版事务上劳力费心，在核实史料方面起了关键作用。她仔细整理了所有的图片，在文章上帮助润饰，精心定稿。她还亲自绘画了本书封面上芭蕾舞姿的优美造型。她给了我们亲人间最真诚的爱。请接受我们的谢忱和永远的爱！

希望我亲爱的老同学、老同事、老朋友们喜欢这本书。

乘这次出书的机会，也想把我在美术上的一些作品跟大家显摆显摆，让各位笑一笑。

第一件：我按照醇英穿上足尖鞋左脚站立的造型，用一根原木头棍

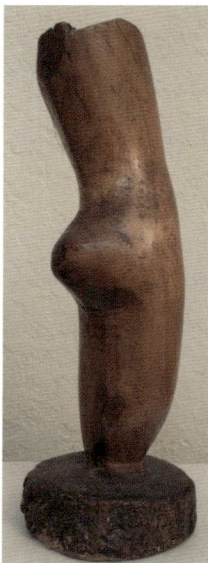

1 2

1 木雕作品——高醇英的左脚尖舞姿
2 80年代，用方形铁条焊接而成的芭蕾舞姿作品之一

270

木板雕刻的芭蕾舞姿一　　木板雕刻的芭蕾舞姿二　　木雕作品——我和我的天鹅
公主

子，锯锯锉锉，前前后后、断断续续花了一年有余才抠哧出来，还有点儿像。

第二件：根据我儿子的一张彩色照片画了一张他的大头肖像画。这是我的第一张，也是我唯一的一张油画。

第三件：是我用木板锯刻的舞蹈造型，它们记录也承载着我对舞蹈艺术的喜爱和纪念。

第四件：是我用方形铁条折曲焊接的舞蹈造型雕塑，尺寸与成人等高。

封底里那张在墨西哥湾海滩上公主抱的彩照，是我和醇英结婚25周年的银婚纪念照。以此献上我对我的"天鹅公主"真诚和永恒的爱！！！

亲爱的老同学、老同事、老朋友们，愿你们身体健康，诸事顺心！

按照儿子尧尧三岁半时的照片，我给他画了一张油画肖像。这是我的第一张也是唯一的油画作品

　　　　　　　爱你们的庚尧和醇英

　　　　　　　2023 年 6 月 21 日

结婚 25 周年，公主抱留念

高醇英白天鹅造型

鸣　谢

潍坊钧瀚国际大酒店　胡钧瀚先生

杭州明熹传媒　　　　武路路先生